City Innovators: Human-Oriented Approach and International Lessons on City Innovation

城市“创新人”：人本考量与国际借鉴

关成华 著

经济日报出版社

图书在版编目（CIP）数据

城市“创新人”：人本考量与国际借鉴 / 关成华著
. -- 北京：经济日报出版社，2018.8
ISBN 978-7-5196-0419-6

Ⅰ. ①城… Ⅱ. ①关… Ⅲ. ①创造型人才-研究
Ⅳ. ①C96

中国版本图书馆 CIP 数据核字（2018）第 198793 号

城市“创新人”：人本考量与国际借鉴

作　　者	关成华
责任编辑	梁沂滨
校　　对	秦英超
出版发行	经济日报出版社
社　　址	北京市西城区白纸坊东街 2 号 A 座综合楼 710
邮政编码	100054
电　　话	010-63567683（编辑部）
	010-63538621　63567692（发行部）
网　　址	www.edpbook.com.cn
E - mail	edpbook@sina.com
经　　销	全国新华书店
印　　刷	北京建宏印刷有限公司
开　　本	710×1000 毫米　1/16
印　　张	11
字　　数	158 千字
版　　次	2018 年 8 月第一版
印　　次	2018 年 8 月第一次印刷
书　　号	ISBN 978-7-5196-0419-6
定　　价	49.00 元

序

古希腊哲学家希罗多德曾经说过，“曾经伟大城市现在大多都已衰落，而在我的一生中也见证了很多小城走向辉煌。”1969 年，简·雅各布斯在《城市经济》一书中对此进行了回应，并认为创新是城市兴衰背后的根本原因。城市同样孕育了创新。《城市的胜利》一书的作者、哈佛大学的爱德华·格莱泽教授认为，从柏拉图和苏格拉底在雅典辩论以降，城市，更准地说，城市人就是创新的发动机。

但是创新到底出自哪些人之手，却一直是一个争论颇多的话题。有些人认为，创新是一部分人行为的结果。创新理论开山大师熊彼特认为企业家是创新的源泉，著名经济学家佛罗里达认为城市创意阶层是技术变革和创新能力的主要力量。

我们和其他学者一样更倾向于第二种说法。创新不是某些人群的“超能力”，而是人类的本能，人均可创新。英国哲学家罗素、瑞士心理学家容克、智利经济学家曼菲德以及美国经济学家莫基尔都秉持相同观点。据此，我们提出了“创新人”假设，并围绕着“创新人”开展了一些研究。我们将研究的空间载体放在城市，研究的视角放在“人”本身，研究的重点也从过往的经济增长转向创新环境和创新生态的建设。

本书的成稿得益于我们之前的积累。多年来我们一直在创新领域进行探索，建立了以人为中心的创新理论框架，并开发了诸如“首都科技创新发展指数”“中国城市科技创新发展指数”“创新人大数据研究”等研究方法，产生了积极而广泛的影响。同时，我们也总结剖析了国际城市的经验，完成了一系列城市创新的典型案例研究。

本书主要内容由三篇构成。第一篇是创新人理论，主要提出了创新人的概念和理论框架。首先我们对人性假设进行了回顾，进而从三个不同的视角来探讨创新人的问题。这三个视角分别是微观个体决策框架下的创新人、绿色发展框架下的创新人以及历史演化框架下的创新人。

第二篇是首都“创新人”大数据研究报告。我们以首都北京为例，利用大数据技术对首都“创新人”的动态特征进行了分析，发现该部分人群有三大特征：总量巨大（规模特征），以青年人为主（结构特征），工作地点集中、“职住分离”（空间特征），并提出了四项建议：人才即财富，知识即资本，城市即居民，治理即服务。

第三篇是从人本角度分析了波士顿、纽约、伦敦、斯德哥尔摩、新加坡、首尔、奥克兰和特拉维夫等国际主要创新城市的经验，同时总结提出了对中国城市创新发展和“创新人”发展的启示和建议。

内容上三篇各自独立，第一篇是理论，第二篇是实证，第三篇是借鉴。但逻辑上又相互联系，第一篇是提出理论，第二篇是验证理论，第三篇是解决实际问题。我们希望“创新人”的提出能深化和厘清我们对于创新的认识，从而推动我国创新领域的理论研究发展。

书稿成功付梓，离不开朋友的支持。首都科技发展战略研究院赵峥、袁祥飞、魏杨、邱英杰、刘杨、白英和刘偲扬诸位同事做了很好的基础工作，并提出了许多宝贵建议。中国传媒大学刘新鑫副研究员和北京交通大学任苒老师分别撰写了斯德哥尔摩和奥克兰的城市案例，并授权本书使用。在此一并致谢。

当然，由于我们的研究刚刚起步，还有很多不足之处，请各位读者不吝赐教。

目　录

CONTENTS

第一篇　创新人理论

“经济人”假设是经济学理论大厦的基石之一。随着经济社会的发展，这一假设的内涵也逐渐丰富，不断融入新的内容，从而契合不同时期的理论需求与发展规律。比如，由完全理性到有限理性，由最大化到非最大化，由单一目标效用函数到多元目标效用函数等，把复杂和多维的人性考虑进来，把过去作为外生变量的各种因素如社会、制度、文化等都纳入“经济人”分析的框架中，成为内生变量[①]。

20世纪90年代以来，世界进入了知识经济时代。管理学界相应提出了“学习型组织”“学习型领导”等。其中代表人物是彼得·德鲁克（Peter F.Drucker）、迈克尔·哈默（Michael Hamel）、彼德·圣吉（Peter M. Senge）等。德鲁克在《九十年代的管理》和《21世纪管理的挑战》等书中都强调了创新、学习的重要性，认为现代管理者必须成为变革的领导者，必须学会使现有组织具有创新能力。哈默和钱皮在《企业再造》一书中强调公司再造必须以人为中心，发挥“领头人”“流程主管”和“再造总协调人”的重要作用。彼德·圣吉在《第五项修炼——学习型组织的艺术与实务》中，提出了学习型组织的理念，指出作为学习型组织的成员应该具有系统思考、超越自我、改善心智模式、建立共同愿景和团队学习等五项修炼技能。

近些年来，创新成为解释经济增长的核心因素。经济学家经过几十年努力，将创新纳入到宏观的经济增长理论中。但是在微观层面仍然没有足够大的变动。例如乔治·吉尔德（2013）认为经济学以物理学为目标和方法论进行建构，“忽略了一个事实”，即“人类具有自由意志，具有创新思维”。本篇提出“创新人”假设，并由此构建了一套理论，包括基于微观决策框架的创新人理论、基于历史演化框架的创新人理论以及基于绿色增

① 张景华，许彦，经济学两种范式关于人性假设前提的比较分析，改革与战略，2009年第3期，8页。

长框架的创新人理论，希望能够深化对创新过程中人的认识，引发更多对创新人的研究。

一、人性假设回顾

人性假设是指管理者在管理过程中对人的本质属性的基本看法。美国心理学家和行为科学家艾德佳·沙因（Edgar H.Schein）在《组织心理学》一书中，总结了四种经典人性假设理论：经济人、社会人、自我实现人和复杂人。[①]此外，随着经济社会的不断发展，不同领域对人性假设的现实需求逐渐显现，诸如道德人、管理人、政治人、比较利益人、生态人、文化人、知识人、敏感人、幸福人等其他人性假设被国内外学者提出，并在相应学科发展中起到一定的作用。

（一）经典人性假设

1. 经济人假设

“经济人”假设，也称为“理性人”假设，是经济学最基础和重要的假设之一。早在17-18世纪，重商主义者在研究经济活动时，就常运用“经济人”与利益动机假设。而后英国经济学家亚当·斯密系统运用和阐述了“经济人”假设。他认为人的行为动机根源于经济诱因，每个个体追求自身私利，凡生活在社会中的人，无一不心怀“自利的打算”，即“利己心”（self-interest）或“自爱心”（self-love）。同时，每个人都试图“使其生产物的价值能达到最大程度”，这种努力是“社会财富、国民财富以及私人财富所赖以产生的重大因素”。[②]在“看不见的手”的引导下，在促进私利的同时也促进了社会利益。自斯密后，古典经济学家如萨伊、李嘉图、马尔萨斯、麦克库勒赫等都把自利原则作为人类行为的根本动机。同时强调自由放任是实现自利的必需条件。

19世纪70年代经济学的边际革命将“经济人”假设向前推进了一步。

---

① ［美］爱德加·沙因．组织心理学［M］．经济管理出版社，1987.

② ［英］亚当·斯密．国民财富的性质和原因的研究（上）．北京：商务印书馆，1997.14页．

边际革命的三位奠基人杰文斯、门格尔、瓦尔拉斯对传统的古典经济学持批判态度，试图以一种新的方法和理论改造并重建理论经济学。当时广为流行的微积分学成了他们的工具。他们以“经济人”最终如何获得最大效用为研究对象，通过数学分析界定了“经济人”遵循的行为法则。“经济人”抽象化假设奠定了现代微观经济学的基础，使经济学的数学化成为可能。家庭成员追求个人效用最大化，企业追求利润最大化，在此基础上实现市场均衡，从而形成了一般均衡理论。

凯恩斯认为“经济人”是一个抽象的人，但绝非是主观的、随意的抽象。事实上，“经济人”是经济关系中人的近似代表。[①]自凯恩斯以后，“经济人”已经多种多样地被描绘为一种公理、一项先验真理、一个不言自明的命题、一种有用的虚构、一个理想类型、一种自发的构想、一项不容置疑的经验事实，以及在资本主义制度下人类的一种典型的行为模式。[②]

现在“经济人”已经较为完备，具有以下几个特征：第一，“经济人”具有自利性。即个人追求自身利益是促使人的经济行为的根本动机。这是“经济人”概念的出发点。自利与自私不同，自私往往是通过损害别人的利益而达到自己的目的。而自利行为则是在给定约束条件下做出的谋求自身目标函数最大化的行为（杨小凯，2003）。第二，“经济人”具有理性，即“经济人”能为自己谋求最大的利益。这是“经济人”实现自利的方式和手段。这种能力体现在：首先“经济人”具备关于其所处环境的完备知识，即使不是绝对完备的，至少也相当丰富、相当透彻。其次“经济人”具备一个很有条理的、稳定的偏好体系，并能计算备选行动方案的优劣，从中选择偏好最大的方案。在微观经济学里被认为具备完备性、可传递性等具体数理假设。

2. 社会人假设

“社会人”假设由心理学家系统提出，主要应用于管理领域，认为人是具有社会需求的社会动物，代表性人物有梅奥、马斯洛、麦格雷戈、赫茨

---

① 邓春玲，“经济人”假设理论回顾及其启示，深圳大学学报，51 页，2007 年 5 月 .

② ［英］马克 – 布劳格 . 经济学方法论［M］. 北京：商务印书馆，1992.63.

伯格。[①]

社会人假设最早来自于美国管理学家乔治·埃尔顿·梅奥主持的霍桑实验（Roethlisberger and Dickson，1939；Homans，1950）。[②]霍桑实验由美国国家科学院全国科学委员会组织，实验对象是西方电气公司（West Electric）芝加哥霍桑工厂的工人。霍桑工厂是一个制造电话交换机的工厂，具有较完善的娱乐设施、医疗制度和养老金制度，但工人们并不满意，生产绩效很不理想。为找出原因，美国国家研究委员会组织研究小组开展实验研究。实验最初开始于1924年，目的是研究照明质量对生产效率的影响，但未取得实质性进展。转折点发生在1927年哈佛大学心理学教授梅奥和同事加入后。经过几年的研究，梅奥与同事发现金钱激励并不是影响生产绩效的唯一因素，包括团队归属感在内的个人心理需求等方面因素也很重要。梅奥认为，人是有思想、有感情、有人格的“社会人”，作为一个复杂的社会成员，金钱和物质虽然对其积极性的产生具有重要影响，但是起决定因素的不是物质报酬，而是在工作中发展起来的人际关系。实验有三个结论：（1）传统管理认为，生产效率取决于工作方法和条件。但事实上生产效率的提高和降低主要取决于职工的士气，而士气取决于家庭和社会生活，以及企业中人与人之间的关系；（2）传统管理只重视“正式群体”问题，诸如组织结构、职权划分，规章制度等。但还存在着某种“非正式群体”，这种无形的组织有其特殊的规范，影响着群体成员的行为；（3）领导者在了解人们的合乎逻辑的行为的同时，还须了解不合乎逻辑的行为，要善于倾听和沟通职工的意见，使正式组织的经济需要与非正式组织的社会需要取得平衡。霍桑实验使大家注意到社会性需求的满足往往比经济上的报酬更能激励人们工作。只有在顾全群体利益时，个人利益才能得到保障。

“社会人”的基本假设是：（1）人是由社会需求而引起工作的动机的，

---

① 也有人将梅奥理论总结为社会人假设，而将马斯洛等人总结为自我实现人假设。这种区分中对梅奥理论其实侧重于社交属性。从“经济人”角度来看，社交属性、自我实现都可以归结为人的社会属性，所以我们将其称为社会人。

② Edgar H. Schein，Organizational culture and leadership，Jossey-Bass，172页.

并且通过同事的关系而获得认同感；（2）工业革命与工业合理化的结果，使工作本身失去了意义，因此能从工作上的社会关系去寻求意义；（3）员工对同事们的社会影响力，更比对管理者所给予的经济诱因控制更为重视；（4）员工的工作效率随着上司能满足他们社会需求的程度而改变。

从“经济人”假设到“社会人”假设，从以工作任务中心的管理到以职工为中心的管理，这无疑在管理思想与方法上更进一步。资本家实行参与管理，满足工人一些需要，在企业中确实起到了缓和劳资矛盾的效果。在这方面，西方尤其是许多企业都收到了显著的效果。尽管如此，“社会人”假设也存在不可摆脱的局限性：第一，假设中的人际关系并未改变资本主义社会的剥削关系，也没涉及到社会生产关系的改变，因此它不能解决资本主主义社会的阶级矛盾与冲突；第二，虽然“社会人”假设对于企业制定奖励制度有一定参考意义，但过于偏重非正式组织的作用，是一种依赖性的人性假设，对人的积极主动性及其动机研究还缺乏深度。

3. 自我实现人假设

“自我实现人”（Self-Actualizing Man）假设是20世纪50年代末，由马斯洛、阿基里斯、麦格雷戈等人提出的。这种假设认为：人并无好逸恶劳的天性，人的潜力要充分挖掘，才能得以发挥，人才能感受到最大的满足。

美国管理学家、心理学家马斯洛（1954）最先提出自我实现人的概念。自我实现的需要是最高层次的需要，是指实现个人理想、抱负，发挥个人的能力到最大程度，达到自我实现境界的人，接受自己也接受他人，解决问题能力增强，自觉性提高，善于独立处事，要求不受打扰地独处，完成与自己的能力相称的一切事情的需要。也就是说，人必须干称职的工作，这样才会使他们感到最大的快乐。马斯洛提出，为满足自我实现需要所采取的途径是因人而异的。自我实现的需要是在努力实现自己的潜力，使自己越来越成为自己所期望的人物。具有这种强烈的自我实现需要的人，就叫“自我实现人”，或者说最理想的人就是“自我实现人”。同时，马斯洛指出自我实现人具有15种特征，分别是：（1）全面和准确地知觉现实；（2）接纳自然、自己和他人；（3）对人自发、坦率和真实；（4）以问题为中心，而不是以自我为中心；（5）具有超然于世和独处的需要；（6）

具有自主性，保持相对的独立性；（7）具有永不衰退的欣赏力；（8）具有难以形容的高峰体验；（9）对人充满爱心；（10）具有深厚的友情；（11）具备民主的精神；（12）区分手段和目的；（13）富有创造性；（14）处事幽默、风趣；（15）反对盲目遵从。但马斯洛也承认，在现实中这种人极少，多数人不能达到自我实现人的水平，原因是社会环境束缚，没有为人们自我实现创造适当的条件。①

麦格雷戈（1960）从管理者对员工的角度出发提出了X-Y理论。这是一对完全基于两种完全相反假设的理论，“X理论”认为人们有消极的工作原动力，而“Y理论”认为人们有积极的工作原动力。麦格雷戈把传统管理学称为“X理论”，他自己的管理学说称为“Y理论”。② 相类似的是赫茨伯格（1959）的双因素理论，又称“激励保健理论（Hygiene-motivational factors）”。该理论认为引起人们工作动机的因素主要有两个：一是激励因素，二是保健因素。只有激励因素才能够给人们带来满意感，而保健因素只能消除人们的不满。③

麦格雷戈的“Y理论”与“X理论”相对，是自我实现人假设的延伸。将人性假设为喜爱工作、发自内心地愿意承担责任的理论，认为人的本性是喜爱工作。其内容包括：（1）人在工作中消耗体力与智力是极其自然的事，工作是一种满足的来源；（2）人为了达成本身已承诺的目标，将“自

① 亚伯拉罕·马斯洛（Abraham H. Maslow.）动机与人格［M］. 中国人民大学出版社，2013.

② X理论认为：多数人天生懒惰，尽一切可能逃避工作；多数人没有抱负，宁愿被领导批评、怕负责任，视个人安全高于一切；对多数人必须采取强迫命令，软硬兼施的管理措施。Y理论的看法则相反，它认为，一般人并不天生厌恶工作，多数人愿意对工作负责，并有相当程度的想象力和创造才能；控制和惩罚不是使人实现企业目标的唯一办法，还可以通过满足职工爱的需要、尊重的需要和自我实现的需要，使个人和组织目标融合一致，达到提高生产率的目的。

③ 双因素理论具体内容是：第一，不是所有的需要得到满足就能激励起人们的积极性，只有那些被称为激励因素的需要得到满足才能调动人们的积极性；第二，不具备保健因素时将引起强烈的不满，但具备时并不一定会调动强烈的积极性；第三，激励因素是以工作为核心的，主要是在职工进行工作时发生的。保健因素是指造成员工不满的因素。保健因素不能得到满足，则易使员工产生不满情绪、消极怠工，甚至引起罢工等对抗行为；但在保健因素得到一定程度改善以后，无论再如何进行改善的努力往往也很难使员工感到满意，因此也就难以再由此激发员工的工作积极性，所以就保健因素来说：“不满意”的对立面应该是“没有不满意”。激励因素是指能让员工感到满意的因素。激励因素的改善而使员工感到满意的结果，能够极大地激发员工工作的热情，提高劳动生产效率；但激励因素即使管理层不给予其满意满足，往往也不会因此使员工感到不满意，所以就激励因素来说：“满意”的对立面应该是“没有满意”。

我督导”和“自我控制”；（3）人对于目标的承诺，就是由于达成目标后所产生的一种报酬；（4）只要情况适当，一般人不但能承担责任，而且会争取责任。常见的规避责任，缺乏志向，以及只重视保障等等的现象，是后天习得的结果，非先天的本性；（5）以高度民主的想象力、智力和创造力来解决组织上各项问题的能力，乃是大多数人均拥有的能力，而非少数人所独具的能力；（6）在现代社会条件下，一般人的智力潜能只得到了一部分的发挥。①

4. 复杂人假设

“复杂人”假设的代表人物有沙因、史克恩、莫尔斯、洛希等人。无论“经济人”假设还是“社会人”假设，都有其合理的一面，但都不适用于一切人。人本身是复杂的，在复杂的、不断变换的环境中会表现出不同的人性来。人性中既有唯利是图、追求物质利益的一面，也有精神需要、追求社会责任、实现自身最大价值的一面。而且二者是个权变的过程，在物质基础很低的情况下，追求物质利益就是第一位的；在物质利益大到一定程度时，追求精神利益就成为主旋律。应该将“经济人”理论和“社会人”理论结合起来，根据不同的情况灵活运用。因此，“复杂人”假设脱颖而出。

如果说社会人假设从范围层面水平拓展了人性假设内容的话，复杂人假设则从时间层面动态拓展了人性假设，是人性假设具备动态性。沙因（1978，1990）首先提出了“复杂人”人性假设，认为人性是复杂而变化的，② 不是单纯的“经济人”，也不是完全的“社会人”，而应该是因时、因势采取适当反应的“复杂人”。“不仅人们的需要与潜在欲望是多种多样的，而且这些需要的模式也是随着年龄与发展阶段的变迁，随着所扮演的角色的变化，随着所处境遇及人际关系的演变而不断变化的。”③

复杂人假设主要内容包括：（1）人类的需要是分成许多类的，并且会随着人的发展阶段和整个生活处境而变化。这些需要与动机对每一个人会

---

① 道格拉斯·麦格雷戈. 企业的人性面［M］. 中国人民大学出版社，2008.

② Edgar H. Schein，Organizational culture and leadership，Jossey-Bass，173 页 .

③ 沙因：《组织心理学》，余凯成等译，经济管理出版社 1987 年版，116 页 .

各具变化不定的重要程度，形成一定的等级层系，可是这种层系本身也是变化的，会因人而异，因情景而异，因时间而异。（2）由于需要与动机彼此作用并组合成复杂的动机模式、价值观与目标，所以人们必须决定自己要在什么样的层次上去理解人的激励。（3）职工们可以通过他们在组织中的经历，学得新的动机。这就意味着一个人在某一特定的职业生涯中或生活阶段上的总的动机模式和目标，乃是他的原始需要与他的组织经历之间一连串复杂交往作用的结果。（4）每个人在不同的组织或是同一组织中不同的下属部门中，可能会表现出不同的需要来；一个在正式组织中受到冷遇的人，可能在工会或是非正式工作群体中，找到自己的社交需要和自我实现需要的满足。如果工作职务本身包含有多样性的技巧要求，那么在不同的时间及对于不同的工作任务，就可能有众多的动机能够发挥作用。（5）人们可以在许多不同类型动机的基础上，成为组织中生产率很高的一员，全心全意地参加到组织中去。对个人来说，能否获得根本的满足，以及对组织来说，能否实现最大的效益，仅部分地取决于这种激励的性质。所要完成的工作任务的性质、工作的能力和经验及其同事所创造的环境气氛，这些因素都互相作用着而产生一定的工作模式与感情。（6）职工们能够对多种互不相同的管理策略做出反应，这要取决于他们自己的动机和能力，也决定于工作任务的性质；换句话说，不存在一切时间对所有的人全能起作用的唯一正确的管理策略。

复杂人假设汲取了经济人假设、社会人假设和自我实现人假设的优点，并充分体现了“权变”的理念，即“因人制宜、因事制宜、因时制宜、因地制宜”，对管理理论和实践产生了重大影响，基于此假设的权变管理理论在 20 世纪 70 年代风行于西方，至今仍广泛地指导着各类组织的管理活动。

（二）其他人性假设

1. 道德人假设

亚当 · 斯密在《道德情操论》中阐述了人性不同于经济人的另外三个方面：同情心、正义感、行为的利他主义倾向。这些是人的道德性的体现。斯密的这种伦理思想后来被发展成“道德人”理论。其具体来源为《道德情操论》中的一段话：人们不应该把自己看作某一离群索居的、孤立的个人，而应该把自己看成是世界中的一个公民，是自然界巨大国民总体中的一员。不仅如此，为了这个大团体的利益，人人应当随时地心甘情愿地牺牲自己的微小利益。①

“道德人”假设有三个重要观点：一是利他，人是社会性的动物，会在后天逐渐形成和发展利他倾向；二是理性，人的理性是现代市场经济运行的基础。人的理性行为，并不自然或必然意味着追求个人直接利益的最大化。人的自利行为是理性的，道德行为也是理性的。因此可以将传统经济学中的理性进行扩展，即利己的行为是理性的，动机上利他的行为也是理性选择；三是追求团体“利益”的最大化。利他主义追求的是他人或社会福利的改进。因此，有共同利益的个人总是试图增进团体的利益。这个团体并不一定以组织的形式出现，通常情况下的组织只是这种团体的形式之一。道德人假设指出了人与动物的区别在于道德，揭示了人性的重要特点。但是，道德人假设存在着如先验性、片面性、空想性、悖反性等问题。②

经济学家一致认为无私利他、过度的利他行为是无效率的。这并不是说利他行为在任何情况下都是无效率的或低效率的。事实上，存在着一个“经济人——道德人”双重人格的悖论。③以“囚徒困境”为例，如果说每个人都追求自身利益的最大化，则“囚犯困境”很难实现个人理性与集体理性的统一。但如果每个人都追求一种无私利他，则“囚犯困境”无疑可以实现一种个人理性与集体理性选择的统一。对于除“囚犯困境”之外的合作行为，如果每个人都是无私利他主义者，则合作并不能实现。因为行为主体“都只愿意向对方转移资源而不愿从对方接受资源，其结果是谁的要求都不能实现”。这就是说，对于“经济人”行为存在悖论，对于“道德人”行为同样存在悖论。

---

① 亚当·斯密（Adam Smith）著 . 道德情操论［M］. 江西教育出版社，2014.

② 冯务中，李义天 . 几种人性假设的哲学反思［J］. 社会科学家，2005（03）：7–11.

③ 王玉珍 . 运用“经济人——道德人”假说对合作行为的分析［J］. 经济问题，2004（01）：15–17.

2. 管理人假设

“管理人”假设由诺贝尔经济学奖获得者、美国管理学家赫伯特·西蒙（Herbert A. Simon）提出，侧重于经济行为决策。管理人假设没有否认“经济人”的利己性，而是对理性进行了质疑，并给出了自己的解答。

西蒙（1976）认为自己提出“管理人”假设是针对社会科学的“精神分裂症”。两个极端假设在撕扯社会科学。一是经济学的“经济人”假设，认为：人有一个完备的、内在一致的偏好体系，是完全理性的；知晓所有决策方案，并能在其中选择最优的方案。另一个极端来自社会心理学，试图将人类一切认知活动归因为情感。也就是我们之前说的社会人假设。这一倾向最早来源于弗洛伊德。西蒙批评了这两个极端，认为人只能以“有限理性”与“满意解”为主要观点，只能根据现实的限制条件做出“有限理性”的抉择，在决策中只求“满意”，而不求“最优”。[①]

与“经济人”相比，管理人是我们在现实生活中见到的人。[②]经济人转变为管理人，需要做两个根本转变。[③]一是管理人只寻求一个令人满意或者足够好的决策，判断指标包括：市场占有率、适当利润、公平价格等。[④]这主要是受到三个条件的限制：（1）知识的不完备性。一个人对自己的行动条件的了解，从来都是零碎的。而且对于预测未来需要的那些规律和法则，他也知之甚少。（2）对于困难预见受到偏好影响。我们头脑无法在某一瞬间抓住所有后果的整体。而且往往对于失败的感知与自身体验密切相关。（3）对可能行为的范围了解不够。一个人在构想其可能采取的所有行为模式时，受到想象力的约束。二是管理人认为他自己认知的世界只是真实世界的一部分，“是对纷繁的真实世界做过重大的简化处理后所得到的一个模型”。并且他乐于如此，认为除了与其相关的直接内容外，其他大多数现实都无关紧要。他做出决策时候使用的也只是基于这种“图景”的简单信息，只包含他认为最要紧、最关键的因素。

---

① 【美】赫伯特·西蒙著，杨砾、韩春立、徐立译，管理行为——管理组织决策过程的研究，北京经济学院出版社，1988.

② 【美】赫伯特·西蒙，《理性抉择的行为模型》，心理学评论，1956 年 4 月 .

③ 【美】赫伯特·西蒙，《理性抉择的行为模型》，心理学评论，1956 年 4 月 .

④ 塞叶特、马奇，供方垄断理论中的组织要素，经济学季刊，1956 年 2 月 .

3. 政治人假设

"政治人"假设的通常表达为"人是天生的政治动物"（亚里士多德）。20世纪美国著名政治学家拉斯韦尔和卡普兰在其合著的《权力与社会》一书中也提出关于"政治人"的基本人性假设，他们指出，"政治人"是追求权力最大化的人。"政治人"假设的基本内涵是：人是一种具有社会性具有利益协调能力的，并追求友善合作，追求社会至善和谐的动物。"政治人"假设认为人的行为基于利益，而利益本质上源于人的物质需求与精神需要的双重激励，侧重于政治和公权力管理领域。

"政治人"基本人性假设的特征为：（1）强调人类的"合群性"；（2）如果人人都具有人性和伦理秩序的分辨能力，那么在理论上人人都有可能成为社会政治组织的管理者；（3）在政治组织的管理中，主要依靠"法治"的作用，而不是依靠"人治"的作用；（4）按照自然的本质，人人都具有同等的价值，因而也就应该具有同等的权利。

"政治人"假设在现代政治生活中的基本逻辑链已得到充分阐释（汪波，2007）。① 当人的活动从社会领域或经济领域进入以公共权力为载体的公共领域，就由社会人或经济人转化为政治人。政治人亦是理性人。在此意义上，政治人与经济人存在着共性逻辑，即需求衍生利益，需求是利益的基础；利益衍生行为，利益是行为的基石；但政治人与经济人在需求——利益——行为的结构、内涵、权力媒介方面存在本质差异，这一本质差异决定了政治理性人与经济人在人性假设方面的基本分歧，政治理性人内涵不是简单的自利的经济人假设所能包涵，它的内涵远比"经济人"假设更为丰富与复杂，公共性、集团性、阶级性、自利性等客观存在政治特性元素在同一政治场域内的交织、冲突与协调，形成了一致与冲突共存的"政治人"假设。总结而言，政治理性人是在特定的政治经济环境中，基于物质需求与精神需求，在三元利益（公共利益、集团利益、个人利益）的激励下，追求、夺取并运用权力，来实现特定的利益权威性分配以满足特定利益需求，从而实现权力工具理性与价值理性的有机统一，

① 汪波. 政治学基本人性假设的再探讨——论"政治理性人"的基本逻辑[J]. 浙江社会科学，2007（06）：52-58.

这一基本逻辑链外在体现为：双重需求激励——追求权力——三元利益互动——运用权力——政治行为。

“政治人”假设在民营企业家的政治参与行为中也得到了阐释（胡怀敏，2013）。[①]在中国，民营企业家作为中国特色社会主义建设者进入了各级人大、政协成为代表或委员。当代表私人利益的“经济人”和代表社会公共利益的“政治人”集于一身时，其内在的冲突性相较其他新社会阶层更为明显。“私利”如何兼顾“公心”“资本”如何远离“权力”，是“两栖人”需要审慎面对的。有理由相信，和其他阶层代表一样，民营企业家作为普通的政治参与者，其“两栖人”身份将被普遍接受，在参政议政的平台上，“两栖人”的公利性会更加凸显，然而必须指出的是，权力制约和经济发展的关系会直接影响“两栖人”的未来走向。

4. 比较利益人假设

中国学者陈庆云在2005年提出了比较利益人的概念，侧重于公共管理领域。他们认为，公共选择理论的“经济人”假设与其所反对的“公共人”假设一样，都是一种极点式的人性假设，在公共管理领域的运用必然存在限度。从人的自然性、社会性和文化性来看，人的行为动机是变化的，人性是介于绝对自利与绝对他利两个极点间，是多种利益诉求的比较与整合。按照“线段式人性论”，公共管理中的人应是对多种利益权衡的“比较利益人”。[②]

具体而言，“比较利益人”中的“利益”具有多重含义，包括自我利益和共同利益、物质利益和精神利益、经济利益与政治利益、眼前利益和长远利益等。这些一一对应的利益之间既有和谐的一面，又有冲突的一面。其中，自我利益与共同利益的冲突与和谐是“比较利益”最重要的层面。用“比较利益人”假设来分析绝大多数人，其决策行为必然要基于对多种利益的权衡，并不是只追求自我利益，或者完全追求共同利益，而是在两者之间达成一种平衡。

① 胡怀敏 . 民营企业家的政治参与：经济人还是政治人［J］. 求实，2013（11）：69-73.

② 陈庆云，曾军荣，鄞益奋 . 比较利益人：公共管理研究的一种人性假设——兼评“经济人”假设的适用性［J］. 中国行政管理，2005（06）：40-45.

在公共管理中，公共管理者在行使公共权力、履行公共职责时，必须考虑其扮演的角色及相应的社会规范，在自我利益和共同利益之间寻找到平衡点。政治家追求公共利益，并不是因为他们都是利他主义者，或者道德高尚者，而是因为他们被期望如此，这是他们的义务。曾军荣（2009）对比较利益人假设进行了深化，认为公共管理和公共服务的制度设计应考虑官僚行为动机的混合型和动态性。[①]保障和基本满足官僚的个人利益，鼓励自上而下的授权以及加强官僚与公民的互动接触，是有利于提升官僚公益精神的可选制度安排。

此外，余清臣（2009）利用比较利益人假设为实践教育学研究范式的建立提供了一种思路。他认为，实践教育学必须建立在一种尊重人性现实、针对个体行为取向、包容个体多样性以及统摄行为情境性的人性假设之上。而“比较利益人”是一种能普遍描绘人性的形象，它深刻地反映了人类普遍存在的利益需求和主观能动性，特别是“利益”和“比较”两个方面既概括了人性的特征，又为人性的个体性和情境性留下空间。这一切都表明“比较利益人”假设是可供实践教育学重点选择的一种人性假设。[②]

5. 生态人假设

马克思在《手稿》中以人与自然的一体化为前提，考察人与自然之间的关系问题，所谓“生态人”就是人与自然生态一体化的人。[③]从《手稿》的描述来看，“生态人”有“人即自然、自然即人、共产主义是人与自然关系的理想状态”三个含义。与“经济人”相比，“生态人”假设是一种更加符合人类本质和侧重于生态经济学领域的理论设定。它是体现人与自然新型关系的人性假设形式，[④]是人的原始生态属性在高级社会发展阶段的自我确认，是人与自然共生关系的见证。

“生态人”假设认为，生态经济系统中的人既受益于经济系统，又受

① 曾军荣．多元利益、公平分配与官僚利益权衡——对“比较利益人”假设的一个深化［J］．中国行政管理，2009（10）：70–73.

② 余清臣．“比较利益人”：实践教育学的人性假设［J］．教育研究，2009，30（06）：32–37.

③ 马克思．马克思1844年经济学哲学手稿［M］．人民出版社，1985.

④ 郭忠义，侯亚楠．生态人理念和生态化生存——马克思《1844年经济学哲学手稿》再解读［J］．哲学动态，2014（07）：35–38.

益于生态系统，更受益于二者的协调。这种协调基于两个逻辑起点，即“人类的所有活动都受制于生态系统”和“生态资本的保值增值决定人类的社会经济活动”。因此在做出一项选择或决策时，会权衡各子系统收益与损失，以整个生态经济系统长期效益最大化为追求目标（罗丽艳，2003）。[①]“生态人”，是指善于处理与自然、他人及自身关系，保持良好生命存在状态的人。“生态人”正是从当代人的生存困境中对世界运行逻辑和规则的逐渐理解，并用于规范和改造自身，努力达到自然生态、精神生态、人格生态的平衡，形成良好的生命存在状态（顾智明，2004）。[②]

周耀治（2014）从“人—地”关系的视角系统介绍了“生态人”假设。[③]“生态人”假设的成型，既是对传统经济学反思的必然结果，也是生态经济学体系完善和学科独立的标志。“生态人”假设的抽象和概括，就是要解决生态经济学的伦理判断和价值选择。具体来说，“生态人”假设的时代依据是：（1）人、地关系发生重大变化；（2）“人—地”和谐成为共有价值理念；（3）人类面临的问题整体性特征突出。相对于“经济人”，“生态人”假设立足于时空整体性，即“人—人”关系整体性、“人—地”关系整体性、人的价值诉求整体性。“人—地”系统是“生态人”假设研究的基本视域。生态与经济矛盾是人与自然的矛盾，“人—地”关系是生态经济学的基本问题。只有把人、地作为一个整体，才能揭示其相互关系，做到系统协调发展。

6. 文化人假设

“文化人”假说来源于卡西尔（Ernst Cassirer）的《人论》[④]中的文化哲学，侧重于教育管理领域。卡西尔修正和扩大了自古希腊以来关于“人是理性动物”的古典定义。他指出，对于理解人类文化生活形式的丰富性和多样性来说，理性是个很不充分的名称。但是，所有这些文化形式都是符号形式。因此，应当把人定义为符号的动物来取代把人定义为理性的动

---

① 罗丽艳．“生态人”假设——生态经济学的逻辑起点［J］．生态经济，2003（10）：24-26.

② 顾智明．论“生态人”之维——对人类新文明的一种解读［J］．社会科学，2004（01）：79-85.

③ 周耀治．“生态经济人”刍议［J］．生态经济，2014，30（06）：46-48.

④ 甘阳．人伦［M］．上海：上海译文出版社，1985. 卡希尔．

物。只有这样，才能指明人的独特之处。

在卡西尔看来，人就是符号，就是文化。同样，文化是人的外化、对象化，是符号活动的现实化和具体化。其中的核心是符号，正是“符号活动”在人与文化之间建立了桥梁。可以说，文化就是人的活动的有机整体，人的活动方式就包括行为、风俗、交往、生存和发展等诸多方面。文化就是人的自我成长、自我组织和有目的改造世界、创造世界的生命活动和存在方式。① 彭虹斌（2012）提到，文化作为人的生命存在及其活动，“文化人”具有以下特征：（1）“文化人”并非实体人，而是关系人，强调整体和谐；（2）“文化人”的本性具有动态性；（3）“文化人”强调创造。经济人、社会人、自我实现人和复杂人，都是人性的不同侧面的展示，这些不同的人性面，为文化人理念的构建提供了必要素材。他从教育管理的视角切入，认为“文化人”假设对人性的本质做出了符合时代发展的规定，文化人是一种关系人，强调整体和谐，其本性在于动态性，本质上具有创造性。并且，在教育管理领域的应用上，应注重以下几点：优化关系、引领创新、重视文化、满足人性需要、提升效能。

“文化人”在人性方面也是一个变化中的人性假设。如果把人性的社会性当作唯一的特征，那就没有全面揭示人的本性。人性有自利的一面，但也有善的一面，人性是社会的，同时也有个体性，不同的人在不同的时期会有不同的需求。“文化人”假设将人视为一种符号，可以在一定程度上体现人性的本质。

7. 知识人假设

知识人是指受过高等教育，掌握一定的专业知识和技能，具有开拓创新精神的群体，侧重于知识管理领域。不同时期人们的行为动机和人性特征深受该时期特有的社会经济实践活动的制约，知识经济的迅速发展，带来了社会生活的物质基础和组织形式的日益知识化，这种变化引起了社会范式的转变：从以生产物质产品为主导的工业社会范式转变到以生产知识为目的和以知识进行生产为主导的“知识社会”新范式。这种知识社会是

---

① 彭虹斌．“文化人”假设与教育管理理念的变革［J］．教育研究与实验，2012（2）：3-3.

一个高技术的数字化、知识化的世界，知识、智慧将成为推动社会前进的基本动力。

“知识人”假设是以马克思一般人性观为基础，结合知识经济时代个人行为的主要特征和人类价值理念的最新发展，以及我国社会主义市场经济运行的具体实践，而抽象出来的用于集中反映当前时代特征的一般人性假设。它充分体现了“知识”对人类改造现实世界的主导作用，同时也深刻反映了“知识”对改变人类自身，促进人类全面、自由发展的重要意义。它是马克思“自由人”假设基本内容与现实社会客观要求相结合的产物，是人类在尚未彻底摆脱“对物的依赖性”时，通过知识创新和知识传播，将知识作为整个社会经济发展的主要动力源、物化源和价值源，从而极大地提升了自身综合素质时所展示出的人性特征（张军，2004）。[①]

“知识人”假设作为一种理论抽象，人不仅是客观逻辑化知识的承担者，也是主观情感化知识的负载者，知识既是经验系统又是求知方法和知识能力；“知识人”假设作为一种研究范式，研究者不应是价值无涉的“旁观者”，而应是带有强烈价值倾向的“参与者”“介入者”；“知识人”假设作为人格抽象，双向地揭示了知识社会发展中社会行为的知识化和行为主体的知识化。一方面，知识化的社会生存催生了各类知识行为。另一方面，类型各异的“知识人”正逐渐成为社会资源优化配置的行为主体（张义忠，2008）。[②] 在经济人和社会人假说的基础上提出“知识人”假设，是基于对知识的社会属性的认识。一旦知识人的知识成为社会意识形态知识的组成部分，那么知识人就是集团性的知识阶级。但是在知识人集团性表征的同时，知识人还有边缘化的倾向特征（郭强，2012）。[③]

“知识人”假设包含三层含义：（1）知识人不同于普通员工，他们是具有较高文化素养的劳动者；（2）知识人具有把理论知识转化为生产技能的能力；（3）知识人是善于创新、勇于开拓的群体，知识人的价值不仅仅是

---

① 张军，朱方明，陈健生．从“经济人”到“知识人”：解读人性假设的历史变迁与经济学研究范式的重构［J］．经济评论，2004（04）：36-42.

② 张义忠，汤书昆．“知识人”假定的社会基础与理念基础研究［J］．科学学研究，2008（02）：244-248.

③ 郭强，李林川．知识人：一种社会学的新假设［J］．学术论坛，2012，35（02）：149-154+160.

他们掌握了前沿的高科技知识，而更重要的是他们具有不断创新和创造新知识的能力。此外，“知识人”的特点主要在于：（1）知识人具有很强的独立性和自主性；（2）知识人具有流动性特点；（3）知识人的非理性化倾向；（4）知识人的民主化理念。

8. 敏感人假设

中国学者胡象明在2017年提出了敏感人的概念，侧重于敏感性工程管理领域。① 为了实现从邻避效应到敏感性工程社会稳定风险事件的概念转化，需要构建起其所依托的人性假设。“敏感人”假设基于民众对安全性因素、利益性因素和合法性因素的风险感知，依据风险感知和行动方式可以将敏感人划分为不同的类型，为未来的敏感性工程社会稳定风险研究提供了重要的理论支撑。

按照2009年版《辞海》解释，敏感意味着“对外界事物感觉敏锐，在生理上或心理上反应快”。对于敏感性工程领域，可以从两个方面来理解。一方面这类工程往往都具有一种负外部性效应，容易招致民众的反感；另一方面工程本身并不存在“敏感”，敏感的是工程周边的民众。敏感性工程本身是一个人为建构的概念，用来概括某些会引起民众或其他利益相关者迅速的心理或生理反应的工程，是个体将自身的敏感特质加之于某类工程项目，是将客体主体化的产物。

敏感人的来源可以归因于由恐惧因素和未知因素构成的风险的感知。具体包括三个方面：一是安全性因素，二是利益性因素，三是合法性因素。敏感人的表现形式可以分为六种：（1）不敏感个体；（2）内部归因者；（3）从众行为者；（4）潜在行动者；（5）潜在集体行动者；（6）关键少数。

“敏感人假设”对于既有的人性假设并非采取否定的态度。只是认为其他人性假设对于社会稳定风险事件的解释力和针对性有限。敏感人假设只是在诸多人性假设的谱系中增添了一个新的环节，起到的是“理论增生”的作用。

① 胡象明，刘浩然. 敏感人：一项分析邻避效应的人性假设［J］. 理论探讨，2017（01）：127-132.

9. 幸福人假设

关于人类幸福的初始描述可以追溯到边沁、密尔等经济学家，他们以功利主义哲学为基础，将人类追求幸福、趋利避害的主观动机解释为人类行为的根源，表达了人类经济活动的幸福寓意。理查德·伊斯特林（Richard Easterlin）在 1974 年发表的题为《经济增长可以在多大程度上增进人们的幸福》一文中发现了著名的“伊斯特林悖论”，即收入与幸福之间不存在明显的正向关系。“当收入超过满足基本需要的水平以后，相对的而不是绝对的收入水平，对于人们的幸福就更加重要”。中国学者卢苓霞在 2007 年也提出了幸福人的假设，强调人性中的幸福最大化追求。[①] 各种人性假设理论都反映了管理学家对人的不同认识和人性某些方面的特征，但都没有反映出人性的根本，即人生活的、工作的最本质的追求和终极目标——幸福感。

其实每种人性假设的实质都是幸福人假设，每种人性假设的背后都反映出当时所处时代影响人们幸福感的主要因素。“经济人”追求物质利益，是因为当时物质利益是影响人们幸福的决定因素；“社会人”追求归属感、尊重感，是因为归属感和尊重感能够带来幸福；当人们的物质需要得到满足并获得社会的尊重后，实现自我人生价值必然成为人的主导需要，人成为“自我实现人”；此时成就感的高低在很大程度上决定了幸福感的强弱。“复杂人”有各种各样的需求，是因为各种各样需求的满足都会影响幸福感的体验。因此，“幸福人”假设的核心内容是：人们生活、工作的根本目的是为了获得幸福感，各种表面的追求都是为了获得幸福感的手段和过程。

“幸福人”假设在政府决策、企业管理和个人生活上都有一定价值。在政府决策上，可以鼓励人们在不容易产生适应性的幸福领域进行消费，更加关注扩大就业而不是就业补贴，优先提高穷人的收入，缩小贫富差距等；在企业管理上，通过有意识地采用能给员工更高幸福感的方式进行激励提高经营绩效，如延长员工的幸福回忆，使员工在个人生活上，通过积

① 卢苓霞，王彦勋．幸福人假设及在管理领域的意义［J］．经济管理，2007（13）：92-96.

极改善社会关系，提高自尊感，正确认识施舍与接受等方式提高个人幸福感。

“幸福人”假设在自然资源领域也得到了应用。脱文娟（2009）将分工、技术、制度作为主要变量，说明在自然资源开发过程中，由分工深化引起的技术变革与制度规则是为了满足人们的幸福追求。明确“经济人”的社会责任，可以引导“经济人”趋向以“幸福人”假设为前提的经济活动，通过“幸福人”的效率追求，不断发现新的技术并通过技术进步拓展自然资源范围。①

二、基于微观决策框架的创新人理论

（一）创新人假设

纵观历史上的人性假设，可以发现它们都是时代经济社会发展特征和趋势在理论上的投影。经济人假设在经济学和管理学研究领域长盛不衰，奥秘在于这是一个高度抽象的一般理论假设，反映了人作为一个总体范畴的抽象特征，并可基于此构建一个微观的经济学总体框架。尽管行为经济学发展迅速，并提出了一系列“普通人”的理论观点，但是经济人假设在当下仍然具有重要的现实和理论意义。

创新人假设是经济人假设在创新经济时代的发展，是经济人假设及其研究方法在创新这一领域的具体化。在保有经济人假设的核心要素前提下，我们就可以使用经济学的概念（效用、成本、预期、供给、需求、均衡等）和理论方法（局部均衡、最优化决策乃至行为经济学、制度经济学的一些方法等）来构建创新人理论。

1. 中外创新词义溯源及创新定义

（1）词义溯源

中文“创新”一词，1500年前首次出现。《南史》记载，南朝宋孝武

① 脱文娟，王丰．自然资源利用中的技术变革与制度构建——一个基于“幸福人”假设的视域［J］．当代财经，2009（12）：17-22.

帝刘骏在位期间（公元454–464年），因宠妃殷淑仪逝世而哀恸不已，有大臣上奏，建议改革礼仪制度为殷贵妃立别庙："仲子非鲁惠公元嫡，尚得考别官。今贵妃盖天秩之崇班，理应创新。"《魏书》（554年）中用到"革弊创新"；《周书》（636年）中提到"创新改旧"。谈到"新"的文献更早、更多，如《大学》："苟日新，日日新，又日新。"

中国古文中的"创新"，不是一个词，而是由"创"（始）和"新"（非旧）两个字合成的短语，即创造新的东西，或者开始新的行动。"创新"在先秦（从进入文明时代到战国时期）文化中体现较多。自秦开始，强调中央集权和大一统，创新精神逐渐衰落。特别是西汉"罢黜百家、独尊儒术"以后，创新思想更是难见天日。在此后2000多年的历史中，只在为数不多的涉及变法、维新、革命等文献中，对创新偶有论及。比如，康有为1902年的《大同书》。

近些年来，随着"innovation"在国际上兴起，创新一词在国内开始流行。《美国传统词典》："innovate"来源于拉丁语"innovare"，意为"更新"（to renew）。其中，in是前缀，表示"进入"或"在其中"，innovare为词根，是"使新"（to make new）之意。Innovation是innovate的过程或结果，有两个含义：一是引进新事物的行为，二是新引进的事物。

Innovation最早出现在欧洲13世纪的法律中：通过改变合约中的债务人，对债务关系进行更新。20世纪之前，这个术语很少用于艺术和科学领域，在表示生产能力和创造力时，最常用的词是"创造"（create）和"发明"（invent）。1513年马基雅维利的《君主论（The Prince）》和1625年培根的《创新（innovation）》，是早期少见的论及创新的著作。这些早期使用的"innovation"，其含义并不是今天的"创新"，而是指改变。

"Innovation"在很长的历史时期中，扮演着贬义词的角色。人们用它不是表示赞美，而是表示指责。"创新者"（innovators）即意味着异端。在16到17世纪，欧洲基督教发生了严重的分裂和教派冲突，并导致重大的宗教改革。在此过程中，很多人由于被指为"创新者"而获刑入狱，甚至被割掉耳朵。Innovation作为术语被引入科学和工业领域，是在19世纪，当时主要是为了适应工业革命发展需要。

（2）创新的定义

20 世纪 20 年代，约瑟夫.A. 熊彼得首次将创新引入主流经济学界。熊彼得认为“毁灭性创新”是经济增长的内在动因（Schumpeter，1912）。他从企业角度来定义创新，认为创新包括（企业）引入一种新供应、改革组织机构、创造新生产方法、开发新产品以及发现新市场。但是正如 Hansen 和 Wakonen 所言，在现实生活中做完全相同的两件事情几乎是不可能的（Hansen and Wakonen，1997），熊彼得的定义存在很大的模糊地带。

时至今日，创新仍然是一个令人激动的词汇。哲学、社会学、政治学、经济学、管理学等众多学科都研究创新问题，都有各自定义。例如国际知识管理专家艾米顿认为：创新是“新思想到行动”，虽然该定义比熊彼特的定义更为宽泛，但是没有包括思想本身的深化与突破；黄亚生等学者提出社会创新概念：人类为了解决多样化的问题，由社会成员广泛参与、公开透明、自下而上、分权决策的一种创新组织范式；有些学者只强调创新过程，认为创新是运用知识或相关信息创造和引进某种有用的新事物的行为；有些学者更注重创新结果，强调创新是指被使用部门认定的任何一种新思路、新实践或者新产品。

另外，除了过程和结果，创新主体的认识也存在不同意见。创新是所有人的事情，还是一部分人的事情？有人认为创新人士是一类稀缺且精力充沛的群体，他们并不总是迎合大众。也有人认为创新是“人人”的事情，每个人都可以创新。

本书认为：创新是人类对未知领域的有益探索。该概念有四个关键词：第一，“人类”。这是创新的主体，当然也是创新的受益者。创新是人类共同的权利与义务，每一个人、每一个组织都不例外。第二，“未知领域”。这是创新的客体或对象，也是创新的空间。在全球化时代，竞争的舞台是全世界。创新者要尽量利用已有的信息，减少自己的未知领域，只有这样才能保证创新的实际意义。第三，“有益”。这是对创新性质的规定，即必须产生好的结果。创新目的是为了生活更加幸福，世界更加光明。离开人类文明大道，标新立异、为所欲为，只能带来灾难与损失，不能算创新。第四，“探索”。标示了创新的途径与方式，既包括过程，也包括结果。探索意味着结果不可预见，但这是唯一有效途径，要突破现有的知识和经验，没有人能够预见未来，并进行有效指导。

2. 创新人假设的内涵和外延

在人类历史上，创新曾主要是正常经济活动的副产品，伴随偶尔烟花般的伟大发明。工业革命之后经济发展不仅提高了技术水平，而且改变了发明、创新发生的机制和扩散速度。之后创新不再是偶尔闪现的火花，而是由系统的 R&D 活动带来的可持续现象。工业革命标志着斯密式——经济扩展依靠商业——旧机制的终结，取而代之的是熊彼得式——经济增长依靠创新——新机制的诞生（Mokyr，2010）。此后主流经济学家开始关注技术创新、技术进步问题。在微观经济领域，经济学家和管理学家更聚焦于企业技术创新，着重考察影响企业创新因素，包括 R&D 投入、企业规模、企业文化、企业家精神等等。

在宏观经济方面，经济学家对技术创新与经济增长之间关系进行了大量研究，认为技术创新是经济增长的重要驱动因素之一（Kogan，Papanikolaou，Seru，Stoffman，2017），并由此深入到知识创造。经济增长模型中最初都将技术进步作为外生变量进行处理，例如分析现代经济增长理论的起点——索洛增长模型。索洛增长模型主要结论是长期经济增长很难用实物资本的积累来解释，其中一个解释技术进步在索洛模型中是外生变量，而后经济学家逐步将技术进步内生到经济增长模型中。

总体而言，关于创新的研究从关心技术、资本等“硬要素”，逐渐扩展到制度、人力资本等“软要素”。人的作用日益凸显。其中，创新人假设有三点核心要素：创新是人的本能、创新人是理性人、创新环境是创新人行为决策的约束条件。

（1）创新是人的本能

创新是人类共同的权利与义务。哲学家罗素认为创新是人的本能。他把人类的天性分解为三个不可简约的组成部分：占有欲、权力欲和创造欲。其中，创造欲则表现为人对科学技术的创造，以及对社会文化的创造，其成果大部分是精神文化产品，这些产品具有可分享的特点，分享的人越多，其价值就越大。瑞士心理学家荣格也有类似观点，认为创造力是人的本能之一，其余四种本能为反射、活动、性和饥饿。“人类具有创造出新东西的能力，就像自然在时间的过程中会成功地创造出新的形体那样。虽然外面不能很准确地对之分类，创造性本能仍然是值得特殊关注的。”（荣格，1937）

智利经济学家曼菲创建的人类基本需求和范围发展理论认为，人类有8种基本需求，生存、保护、影响、理解、参与、休闲、创造、认知以及自由，创造是其中之一。美国著名经济史学家莫科耶（2010）认为技术创造力是人类中普遍存在的特性。并认为即使在所谓的“黑暗中世纪”，人类也有一些由工匠完成的创新活动。

从日常公司运作我们也能得出同样结论。以被广泛认为是创新公司典范的苹果公司为例，苹果公司的创新并不仅仅是由科技创新构成，还包括包装方式、零售渠道、消费者接触方式，以及公司治理模式。事实上公司创新需要每个员工的参与，都需要做与之前习惯做的不同的事情。

（2）创新人是理性人

尽管有很多学者质疑理性人的假设的真实性，但是这并没有妨碍经济学帝国的建立与拓土。我们认为理性人假设是合适的。首先，“假设人是‘理性人’”不同于“承认人是‘理性人’”。理性人假设只是为以后理论讨论建立了一个起点，其本身真实性并不重要。弗里德曼（1953）主张：“只能通过一个假说的含义或预言与可观察的现象之间是否一致对一个假说进行检验……不能通过直接比较一个理论的假设与现实之间是否存在差距来检验一个理论。”而从理论解释力来看，尽管“企业家‘在做出决策时实际上并没有参考图表、曲线、多变量函数所显示的边际成本与边际收益’”，但是生产者理论解释与可观察到的现象存在很高的一致性。其次，理性人为分析人的行为提供了一个最一般的逻辑起点，在此基础上才可以构建出一般性的理论体系。如果不抽象出一般的人性假设，那么我们就失去了研究的基础，学术研究就会陷入到关于人性的争论中。在理性人假设基础上，可以通过设定不同的外部约束条件来研究实际问题。经济学的做法是去研究“理性人在什么约束条件下会如何行动”，即所谓“约束下的最大化”（张翔，2015）。

创新人是理性人，是指人会根据感知到的创新带来的预期效用（预期收益和预期成本之差）进行理性决策。当感知到的预期效用为正（预期收益大于预期成本）时，人会选择创新；反之，则拒绝进行创新。效用越高，投入创新的资源越多。这意味着，首先，“创新人”具备关于创新决策的完备知识，即使不是绝对完备的，至少也相当完善的。同样环境下，不同人感知到的预期效用不同。其次，“创新人”具备稳定的偏好，能计算创新决策的优劣，进而做出选择。再次，成本和收益受创新环境影响，允许存在个体心理差异。同时创新的结果具备一定的滞后性，创新往往需要一定时间的市场选择以及商业化过程，而且许多创新往往在当时并不被认可或理解，因此创新人决策基于的是感知到的预期收益和预期成本。

（3）创新环境是创新人假设的约束条件

橘生淮南则为橘，生于淮北则为枳。环境对创新人的创新行为有关键影响。创新人在环境约束条件下做出最优化决策。从具体影响机制来看，创新环境又可以分为宏观环境和微观环境。宏观创新环境是一个社会所存在的整体环境，包括文化氛围、制度因素、经济因素。微观创新环境是个人所在的组织“微环境”，包括组织文化、组织制度、组织结构等。这些都将作为外生的变量对人的创新行为产生关键性的影响。

（二）理论框架与影响因素

1. 理论框架

著名制度经济学家弗鲁伯顿（2001）认为，一种关于社会现象的理论首先应该是由个体成员的认识和行为出发，并将对它的解释建立在这一基础上，也就是说个体成员行为成了我们首要研究的对象。基于微观决策视角的创新人理论是从创新人假设出发，使用经济学的分析框架对创新行为进行分析。强调从过程角度研究创新，重点分析在创新人假设前提下，人们是否从事创新活动，以及投入多少（经济、时间以及其他）的问题，这可以转化为从事创新的微观决策问题。

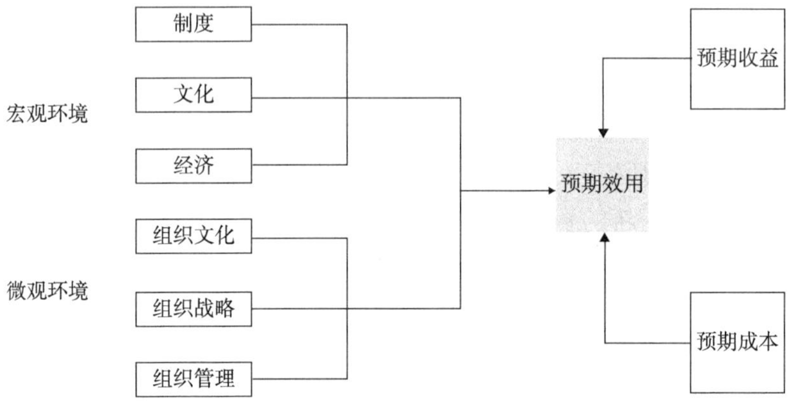

图 1-1 创新人理论框架

从微观决策角度来看，我们认为人从事创新活动的决策基于预期效用。预期效用是预期收益效用与预期成本效用之差。基本函数形式可以表示如下：

$$V(c_v) = g(c_v) - f(c_v) \quad (1)$$

其中，

$$c_v \geqslant 0$$
$$u_g \geqslant 0$$
$$u_f \geqslant 0$$

这里 $V(\cdot)$，为创新行为的预期效用，$g(\cdot)$ 为收益效用函数，$f(\cdot)$ 为成本效用函数，c_v 为创新行为的经济投入。

当 $g(\cdot) > f(\cdot)$ 时，$V(\cdot) > 0$，创新的可能性大；

当 $g(\cdot) \leqslant f(\cdot)$ 时，$V(\cdot) \leqslant 0$，创新的可能性小。

$g(\cdot)$ 与 $f(\cdot)$ 的大小取决于人的个人偏好和环境影响。因此，同一件事情，对于不同的人来说，具有不同的效用。同一件事情，在不同环境下，对于同一个人来说也具有不同的效用。

对于每个人来说，只要 $f(\cdot)$ 和 $g(\cdot)$ 的函数形式及投入 c_v 确定，则创新行为的预期效用就确定了。环境因素作为外生变量进入到 $f(\cdot)$ 和 $g(\cdot)$ 函数中。

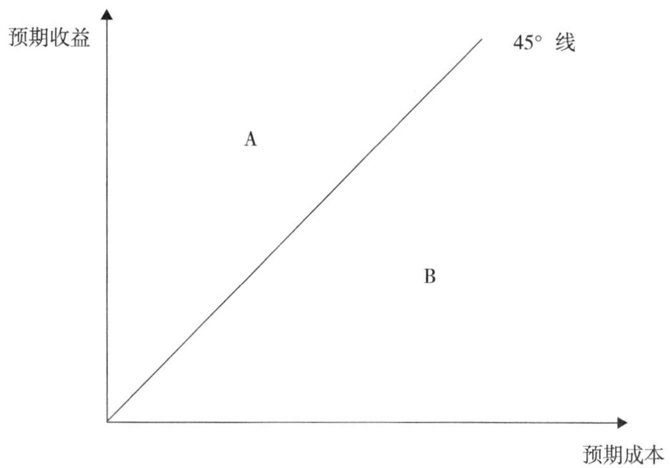

图 1–2　个体决策

对于个体而言，当收益效用高于成本效用（45° 线左侧）时，预期收益大于预期成本，预期效用大于零，则创新人的创新动力较强；当收益效用小于等于成本效用（45° 线右侧）时，预期收益小于预期成本，预期效用为零或负数，则创新动力较弱。

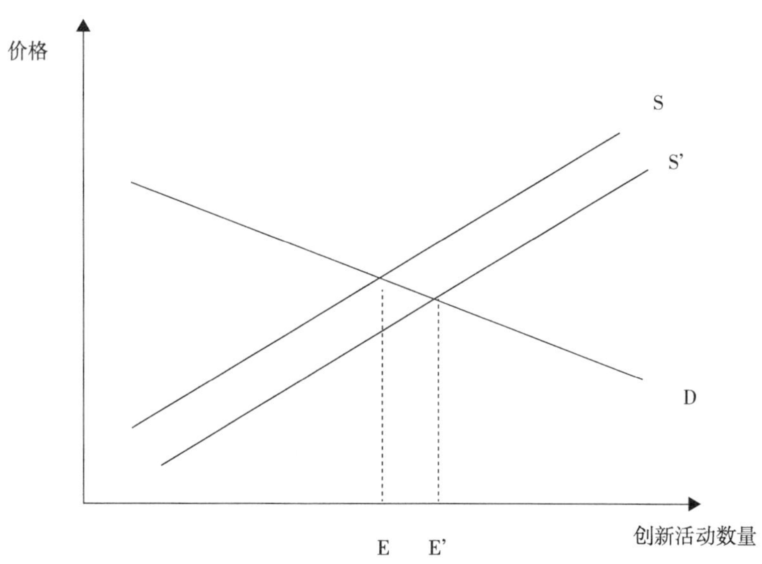

图 1–3　创新活动供需

对于总体而言，假设创新活动存在价格。价格反映了创新活动在约束条件（制度、经济、文化、组织等环境因素）下的供给需求情况。价格越高，有更多的创新人愿意投入到创新活动中来，因此供给曲线向右上方倾斜。价格越高，购买创新的成本越大，市场相对更小，因此需求曲线向右下方倾斜。

如果约束条件发生了变化，例如一项新制度（比如社保制度）的出台大幅降低创新人的风险，从而减少了预期成本，从而在同等价格下，会有更多的创新人愿意从事创新活动，因此供给曲线往右移动，均衡数量从 E 变动到 E’，创新活动数量增加。

2. 影响因素

创新人预期效用受到两类因素影响，首先是创新人个人偏好。由于效用是个人偏好的满足，因此效用高低直接取决于居民个人的偏好。个人偏好主要通过心理反映出来，对于企业家精神更强、爱好冒险的人来说，创新的收益效用通常较大；对于略微偏向保守的人来说，创新的成本效用会更大一些。

其次是作为约束条件的外部环境。通过调整外部约束条件，可以改变创新的成本效用和收益效用，从而改变创新人对创新的预期效用。当变化达到一定程度的时候，人的预期效用就会发生正负转化，从而改变其决策。比如，由于知识产权法的出现，极大保护了创新者的利益，创新人对创新带来的预期收益会相应提升，就可能从事创新活动。

作为外部约束条件的环境因素有很多，本书主要从宏观环境（社会整体）和微观环境（组织内部）两方面来简述，其中宏观环境主要从制度、经济、文化三个角度阐述；微观环境主要强调人所在的企业、机构的内部环境。如果说宏观环境类似于大气候，微观环境类似于局部的微气候。在农业生产中，我们经常会发现尽管同处于某一纬度甚至某一区域，但是受到微气候的影响，往往农作物的产量、质量却不尽相同。

（1）制度因素

在经济学语境下，制度一般被理解为一组正式和非正式的规则，以及规则的执行安排。例如诺贝尔经济学奖获得者，美国新制度经济学家道格拉斯·诺思如此定义制度：“制度提供框架，人类得以在里面相互影响。制度确立合作和竞争的关系，这些关系构成一个社会，……制度是一整套规则，应遵循的要求和合乎伦理道德的行为规范，用以约束个人的行为。”①

制度通过界定社会尤其是经济的激励结构（诺斯，1994，转引自弗鲁伯顿，2001），从而为个人行为沿着特定的方向提供一种生活指引。有利于创新的制度降低了创新人效用的不确定性，减少了交易成本，从而改善了创新人的预期效用。近代欧洲商业文明及产业革命的兴起就是一个典型的例证。由于商业行为的需要，近代西欧社会内部自发的衍生出了一系列法律和贸易制度，扩大了非人际交换关系网络，从而形成了能够有效激发创新的制度环境，如产权保护制度、信用市场、保险市场、期货交易合约以及规约贸易等，从而降低了创新的制度性成本，进而为西欧近代商业革命乃至后续的产业革命奠定了基础。

从属性上来看，创新制度最重要的四个属性是：制度完备性、稳定性、公平性以及践行性。所谓完备性是指关于创新的制度要逐步建立完善，持续响应新的社会问题，日新为道，不断自我完善。稳定性是指制度的核心原则要保持稳定，例如创新成果的产权私有以及可交易这一原则要长期坚持，不能经常变动，让人无所适从。公平性是指创新制度要保持公平特点，一视同仁，适用于所有个体，不能一人一“策”。践行性是说制度做出的承诺要履行，言而有信，否则制度就会成为摆设。

从构成上来看，产权制度是创新制度的核心。创新产权分配和创新人行为选择之间存在系统性的关系。产权制度不完善往往会对创新产生重大抑制。

另外，合约、政治制度、行政政策、市场组织制度等也都对创新有重要影响。例如2018年的中国政府工作报告中指出，要“落实和完善创新激励政策。改革科技管理制度，绩效评价要加快从重过程向重结果转变。赋予创新团队和领军人才更大的人财物支配权和技术路线决策权。对承担重大科技攻关任务的科研人员，采取灵活的薪酬制度和奖励措施。探索赋予科研人员科技成果所有权和长期使用权。”这些制度都将对创新人行为决策产生正向激励。

---

① 转引自张旭昆，制度的定义与分类，浙江社会科学，2002年第6期，3-9页。

（2）经济因素

收入分配、预期收益、社会保障等经济因素对创新人行为决策有重要影响。收入分配可以影响储蓄、投资、风险承受能力以及需求结构。具体来说，第一，收入分配通过影响需求结构，从而影响创新人的创新意愿。收入分配不均意味着社会中有大量的穷人和少数富人，因此在创新产品早期缺乏足够的客户群，市场规模较小，创新变得不那么有利可图，会降低创新活动的积极性。第二，在信贷市场不完善的情况下，收入分配将通过获取投资、金融市场发展、职业选择、相对利润率和人力资本积累几方面影响创新。一是缺乏投资担保品。在收入极端不平等的情况下，所有借款人都需要收入证明或担保品。许多潜在的企业家无法获得他们可以用来投资于创新活动的贷款资金，创新活动的投资者仅限于那些拥有足够财富的人。因此，创新活动的整体投资和创新的速度都很低。二是金融市场的发展。收入不平等会阻碍金融市场的发展，进而影响创新。有效和灵活的金融市场使资本能够合理分配，这对创新活动非常重要。三是职业选择。收入分配也可能影响职业结构。Banerjee 和 Newman（1993）认为由于资本市场的缺陷，穷人别无选择，只能为了获取工资而工作，而富人则可以通过创业成为企业家。社会总体创新活动数量受到了抑制。四是相对利润率。考虑到与创新投资相关的机会和风险，投资者会面临两种选择：要么投资于现有产品和过程，要么投资于创新活动。一方面，如果现有产品的回报率高于新产品的回报率，人们就不会投资于创新活动。在收入不平等程度高的社会，资本主要集中在少数几个部门，尤其当现有业务的投资回报率高于创新业务的预期回报率时，这种现象十分明显。五是收入分配影响人力资本积累，从而影响创新人的创新能力。一般来说，一个社会的人力资本越多，创新能力就越强。而收入分配不均意味着知识获得的不平等。例如，在收入分配高度不平等的社会，中等技术工人生产的商品和服务的需求较低，这降低了中等技能劳动力的回报。在大多数发展中国家，教育信贷市场还不完善，低收入人群无法通过教育使自身获得更高水平的技能。

如前所述，创新人行为取决于创新预期效用。预期收益越大，人越可能从事创新行为。几乎对于所有人而言，创新中最大的挑战不是缺少想法，而是在资金、时间、劳动力方面的投入无法产生相应的回报（安德鲁，2009）。当一个人计划投资于创新，并预期能够创造出直接产生现金收益的新产品时，意味着他会进行创新行为。当这种现金回报超过预期时，情况更是如此。不论这种创新是一种产品、服务、模式、体验，还是其他任何的新事物，都离不开回报。创新的预期收益可以分为直接收益和间接收益。其中，直接收益意味着资金回报。但是，创新并不总是能够产生直接的资金回报，对于一些复杂的情况，有时创新过程可以产生一些间接收益。一般来说，创新的间接收益有以下四种类型：一是知识，创新管理往往能学习到新知识。而其中的一些知识，常常可以在产生资金收益的多种途径发挥作用。一般来说，有四种类型的知识有利于产生回报，分别是特殊产品知识、产品相关知识、新领域知识和产品型知识。二是品牌，创新能够提升企业的品牌，进而可以吸引更多的消费者，使得公司获得额外的利润，而这意味着扩大资金收益。一般来说，评估一个品牌的收益，必须最终落在资金收益上，这种收益要包括溢价、更大的规模和更好的可接受性。三是生态系统，为了获得公司回报的收益，创新者能创造出对合作伙伴及合作组织而言强有力的生态系统。这种系统使得这些合作者能通过多种方式合作，平衡它们在合作中的地位。创新可以通过以下三种渠道加强生态系统关系，提升资金回报：优先选择、排他性和标准。四是组织，人们大多乐意为创新性的公司工作，为之做出相应的贡献。同时，具有创新性的公司，能够吸引并留住许多优秀的员工，至少对于很多最具创新性的员工是这样的。拥有大量优秀的员工，并用少量的费用留住他们，这样有助于公司获得较高的资金回报。通过创新，主要能获得两种组织收益，分别是信心和吸引力。

好的社会保障会为创新人提供“兜底”，解除人们从事创新活动的后顾之忧，从而降低创新活动的预期成本。虽然社会保障的扩大和行政负担的增加必然导致税收的提高，但给予人们特别是自主创业者更好的社会保护，可以鼓励更多的失业者和待业者接受创新和创业的风险，并开始自己的事业。未来自由工作者有可能呈现日益增长的趋势，并成为创新的重要力量。据统计，2012 年，有超过 3200 万欧洲人自主创业，占欧盟（包括克罗地亚）总就业人数的15%以上。自主创业或自我雇佣行为通常发生在某些特定行业，例如商业贸易（约占自主创业者的17%）、农业和渔业（16%）和建筑业（13%）。还有另一类“新个体经营者”，他们开始进入教育、卫生、金融和商业等行业，提供着需要专业技能的服务工作。为全社会提供适当水平的社会保障，将是鼓励创业和创新的最佳方式。

（3）文化因素

文化与创新从来就有着不可分割的联系，广义的文化是人类为了生存发展而在处理与自然界的关系时所获得的能力及其所创造积累的物质产品和精神产品的总和。文化从人类的立场出发，思考人与人、社会及自然界的关系，从历史中可以发现，每次重要的科技创新都离不开文化的支持，文化上的进步、科学、人文精神的活跃，可以极大地促进科技社会的发展。

具体而言，创新文化对于不同的创新主体都有明显的正向激励作用。创新文化环境中的主流价值判断准则会影响创新活动人员的选择和能力，良好的激励机制氛围和竞争效应会调动企业对创新活动的积极性和投资力度，规范的创新文化政策环境将促进企业不断规范企业创新行为，在正确的管理制度下更好地发展创新。社会层面鼓励创新的意识形态则会推动经济社会发展的全面进步。同时，创新活动的发展也对其创新文化施加了反作用力，包括对该文化环境中企业的优胜劣汰，制度环境的优化，对政策支持的诉求等，促使文化环境的不断革新，以实现文化环境与创新活动、与创新企业、与创新人员之间的和谐发展。

人作为创新资源的主体，其在创新活动中积极性与创造性的发挥极大程度决定了最终的结果。而何种文化能激发人的潜力，学界各执一词。从描述性特质上看，鼓励创新的文化通常拥有宽容性、诚信以及长远性三个特点。

首先，创新的文化必须具有宽容性。微观层面来看，创新是一个以他人的智力开发成果为基础，进行收集信息、加工整理改造，形成新思想、新产品的复杂的智力活动（戴春林，2000）。这种活动具有颠覆性、高风险、高不确定性，需要科研人员发挥个性，敢于做“出头鸟”，创新的内涵是人类对于未知领域的有益探索，通常需要研究人员大胆进行假设，不给思想设限，而具有该类特质的人才，不管在思想上与行为中，都会存在一定程度的独特性，这种个性的显露，会给部分讲求步调、行为一致性的团体带来不和谐的因素。然而，应当指出，这种思维方式的大胆性与独特性，正是创新人才必不可少的特质（Harper，2003）。因此，提倡张扬创新者的个性，宽容创新者的独特行为与想法，可以极大减少外界对于个体在思想与行动方面的束缚，有益于激发创新主体的主观能动性。

同时，宽容的文化不仅仅在于其对科研人员的正向精神激励，更在于其容忍失败的态度。创新作为一种长期的开拓性、前途难测、困难重重、成败难料的冒险活动，如果创新主体没有坚守初心品质和行为动机，这种活动不仅难以开展，更难以持续。这就需要社会尽可能塑造出非功利性的科研文化，而祛除文化中对待创新的功利性，需要社会形成宽容失败，不以一时成败论英雄的文化氛围。失败乃成功之母这句话，可以十分精准的描绘创新活动，虽然创新失败者未必最后能成功，但创新成功者一定经历过失败。若罔顾创新的客观规律，急功近利，轻视失败，则会使创新者产生浮躁的心态，导致其以极强的功利心面对科研，以期获得社会认可，从而使创新偏离轨道，社会整体创新的效率也得不到保障。相反，对于试错性失败的宽容，则可以鼓励创新人才不断尝试，培育其自信心，加大创新者成功的概率。

其次，创新的文化必须具有诚实性。首先，创新的过程即追求真理的过程，其核心思想为求真务实。这种道德坚守要求人在创新过程中实事求是，承认事物发展的规律，以实际情况，而非他人主观意志为导向作出判断（颜晓峰，2006）[①]。其次，诚信也是创新活动可持续开展的基本要求。在创新过程中造假、剽窃他人成果等不端的行为，从长期来看，会给社会带来了极大的负面效应，因为模仿、欺骗的成本远小于原始创新的成本，若不加以遏制，会极大降低人的创新意愿，导致在社会中，山寨、抄袭的劣币将创新的良币驱逐。相反，诚信社会的构建，增加了剽窃抄袭的成本，同时也更好地规范了营商环境，减少搭便车的现象，从而在整个社会营造

① 颜晓峰．发展创新文化、建设创新型国家的文化环境．南京政治学院学报，2006（4）：71–74

出了鼓励原创的氛围。

最后，创新的文化具有以长期为导向的特点，长期导向性是个体与群体对长远利益和近期利益的价值观的取向（Hosftede，2011），长期导向强调为了实现长久的目标，以坚强的毅力恒久忍耐并持续推进，相反，短期导向的文化则偏重眼前的利益。在长期导向的文化价值观中，人们注重对于未来的谋划，认为社会是不断进步的，而未来的成就远大于今天的成就，在上述文化环境中，从事创新活动的人才将自己作为时间的主人，不急于求成，注重长期稳定发展。

长期导向的文化环境是孕育创新文化的极佳土壤。因为创新活动的长期性与不确定性，创新主体需要耐得住寂寞，戒骄戒躁，将开展科研工作视为目的，而非工具。这种情形下，若创新主体过分看重短期的利益与诱惑，则极容易迷失自己的方向，乃至半途而废。而长期导向的文化环境中则鼓励培养创新主体从长计划、实施以达成目标的思维方式与行为。在创新人才按部就班、有条不紊地推进下，道阻且长的创新之路似乎更为坦荡。

（4）组织环境因素

组织文化、组织战略、组织管理组成的组织环境对创新人微观决策有直接的影响。组织文化能提升员工的创新意愿（阿尔巴赫，2001；斯梅尔，2003），是推动组织创新的主要动力因素。奎因和罗尔博（1983）将企业文化分成四种类型，分别是团队文化、灵活文化、市场文化、层级文化。团队文化（弹性、内在）强调员工奉献、士气、参与和公开，灵活文化（弹性、外在）强调适应、成长和创新，市场文化（控制、外在）强调产出、产量、效率和明确的目标，层级文化（控制、内在）强调稳定、控制和管理。其中，团队文化最重要的特点就是凝聚力、参与、团队协作和家人的感觉；在灵活文化中，最重要的特点就是企业家精神、创造力和适应力；在市场文化中，最重要的特点就是强调竞争和目标的达成；在层级文化中，最重要的特点就是命令、规则和统一。不同企业文化对企业的创新动力有不同的影响。相比而言，灵活文化和市场文化比团队文化和层级文化更有利于创新。

战略是组织实现自身理性目标的前提条件。实现创新战略的组织能够更好的激励员工创新。组织战略的分类有多种视角，如波特提出的低成本、差异化和聚焦战略，米尔斯和斯诺提出的探索型、防御型、分析型和反应型战略，等等。近年来随着创新的兴起，组织创新战略或者以创新为导向的战略成了讨论的重点。马奇在组织学习领域提出探索和利用的概念后，这种划分被广泛认可并应用到创新战略的分类中①。探索性创新战略指依靠新的知识和技能，强调提供新的技术和产品，创造新的市场，发展新的销售渠道；而利用性创新战略是建立在已有的知识和技能基础之上的，强调改善现有的技术和产品，提升成熟产品的生产和供应效率，降低现有产品成本②。在企业采用创新战略后，内部员工会认识到创新对企业的战略意义，从而产生创新意识。

创新管理可以理解为创新战略的实施过程。通过有效的创新管理可以为员工的创新行为创造有利的条件。比如，通过招聘甄选和培训来确保员工具备创新所需要的知识技能；通过鼓励创新的认可和奖励制度来激发员工的创新动机；通过团队工作机制、工作自主性和建言机制等措施为员工提供更多的创新机会。创新管理需要成功地让员工感受到组织管理制度和流程对创新的支持，为员工提供足够的安全感去做出创新这种有风险的行动。

三、基于历史演化框架的创新人理论

当我们将视线投向历史，可以清晰看到不同历史时期人类创新情况及其背后原因。在前工业文明的阶段，由于制度环境的欠缺，主要是市场机制和产权保护体系的缺失，使得经济系统中创新活动处于受抑制状态。西欧商业文明兴起之后，制度条件的逐步完善，社会环境对于追求经济价值的需要，以及市场选择机制的诞生，都为人创新能力的激发提供了较好的

① 苏中兴，张雨婷，曾湘泉．组织创新战略如何转化为员工创新行为？——以中关村 IT 行业为例．中国人民大学学报，2015（5）：102-112.

② Li, H., and K. Atuahene-Gima. Product Innovation Strategy and the Performance of New Technology Ventures in China. Academy of Management Journal，2001，44：1123-1134.

环境。

（一）创新活力抑制

在工业革命前期的历史发展阶段，受制于社会生产模式的限制，新技术的发明一般直接来自于生产活动。创新行为是一个概率极低的事件，且不具备系统性，在该阶段国家的整体规模局限了技术发展的程度。

前市场经济主要是指西方产业革命之前的历史时期，依据安格斯·麦迪逊[①]的描述，该阶段是指从公元前1000年到工业革命前期。在这个时期内，全世界的地区之间的平均收入水平和收入分配状况基本没有发生明显改善，如果折合成增长率还不到0.02%，而在过去50年中，全球人均收入增长率大约为2%。同时，依据克拉克[②]、陈平[③]等人的相关测算表明，在这一时期，人类的平均蛋白质摄入量甚至还不及旧石器时代的原始人类，特别是在东亚等以农业生产为主的国家，这一差距可能更为明显。

在这一阶段，全球各个区域均呈现出了低水平的增长，农业生产一直是该阶段的主要生产模式，除了少数上层社会精英以外，人们将更多的精力用以解决生存问题。然而，由于土地的边际收益递减，农业生产受制于此，而人口的增加速度远远大于产出的增加速度。因此，该阶段的经济周期性变动主要以类似于马尔萨斯循环的模式呈现，即经济增长和人口的扩展间呈现出倒U型关系，且经济的波动形式则是以战乱或瘟疫等对人口消减的模式在进行。问题根源在于以下三点：

1. 以传统农业为基础的古代社会，生产的稳定性是保证生存的根本

古代国家的土地耕种者都是农民。与现代农场不同的是，相比于关注新技术和研究新的农业生产方法，他们更喜欢坚持传统，即利用熟悉的方式进行生产。因为，在古代社会中，农业生产水平是非常低下的，一点错误就可能意味着人们全年的挨饿乃至死亡。在1960年George · Kimble对于赤道地区的调查显示，非洲当时的农业生产水平极低，以至于需要全家大

① 详见《大众经济学》，9页，帕萨·达斯古普塔著，译林出版社，2010年。

② 详见《应该读点经济史：一部世界经济简史》，25页，克拉克著，中信出版社，2006年。

③ 详见《文明分岔经济混沌和演化经济动力学》，65页，陈平著，北京大学出版社，2004年。

约 2–8 个劳动力全部投入生产，才能满足自己以及另外一个非农业成人的需要[①]。其他发展中国家的情况要好一些，但是整体水平依然较低，如在印度、巴西、埃及等国，仍需要两个农业家庭去供养一个非农业家庭。

此外，这个阶段农民的生产并不是为了满足某个市场的需求，农产品生产的主要原因不是为了交换货币。这是因为古代农业生产中的大量生产工具依赖于自给自足，市场中交换的部分很少。最后，对于农民来说，他们不能无限制的消费自己的产出，因为其中的一部分要被上交给土地所有者，这就客观造成了民众普遍积累不足。从而减少了农民可以用来接受教育获得闲暇的可能性，这也从客观上造成了古代人类创新活力激发概率极低。毕竟具有经验和能力可以从事创新，且获得足够资本积累的人在社会中所占的比重就很低。

2. 市场的缺失，压缩了创新活力释放的空间

根据演化经济学理论，创新必须经过筛选，才能够被普遍接受，从而推动经济系统的演化或者说增长。然而，在前市场经济时代，由于农业生产积累率极低，这本身就决定了绝大多数农产品不会作为商品进入市场。农业生产者所积累的资本更多地被用来应付紧急开销。另一方面，农业社会中大量的资本累积被土地所有者占据，这些剩余被聚集到当时的城市，用以供养当时的社会统治者，如果这些剩余的绝大部分被用于改进农业生产，构建水利基础设施，或者被用于改进城市手工业者的工具和设备，无疑会加速农业社会演化进程。

同时，伴随着剩余积累的增加，农业社会中的市场交易将增多，进而演化出专业用于配置资源的市场，以及具有一定消费能力的大众，为创新提供良好的发展环境。但真实情况是，在前市场经济时代，农业的剩余被转化为亚述国王庞大的神殿、秦始皇的阿房宫、埃及法老的金字塔以及无尽代表着当时最高艺术、文化、工艺成就的奢侈品，但这些成就并没有转化为社会再生产的物质资料。这也意味着如此的转化，将农业积累的剩余从经济系统中抽离了。

---

① 详见《大众经济学》，帕萨·达斯古普塔著，65 页。译林出版社，2010 年。

不过，需要注意到的是，尽管在前市场经济时代，受到农业生产的客观规律限制，市场经济并不发达，但是这并不意味着在这一历史阶段，没有商业文明高度发达的阶段。例如，在古代雅典以及盛唐时代和北宋时期的中国，特别是雅典和北宋时期的中国，在这一阶段高度发达的商业文明和稳定的社会生产，已经极大地促进了市场的发展，催生出了相当程度的创新。雅典诞生了系统化的哲学、数学学科体系，北宋的中国已经出现了用于大规模使用的水利织布机。但不幸的是，后续的发展并没有按照理想的模式进行，两个文明的发展一个在外族入侵中毁灭，另一个由于游牧民族的入侵而被打断。

3. 产权制度的不完备，致使人们趋于保守

在前市场经济时代，创新活力之所以被抑制，除了剩余积累不足和市场环境缺失之外，产权保护制度的缺陷也是重要的影响因素。所谓产权制度的缺失，并不是指有没有确立私有产权，而是在制度系统内有没有对于统治者随意侵犯私有产权制度的约束与限制。在中国古代，虽然对于土地私有制度有明确的保护制度，但是皇权对于私人产权的侵犯却没有合理限制，同时，商业活动的经营权也经常受到侵害，从而使得稳定商业文明的建立一直受到干扰。

产权制度不仅仅包括对实体产权（包括经营权）的保护，还包括对无形资产的保护，后者对于创新有着更为重要的影响。当社会存在一个无形资产的保护制度时，创新将被一个专利机构记录和保存下来。这样一来，人们一方面可以获得来自于官方对自身创新的认可，从而使得收益可查和被保护。同时，对创新的记录使得后人既可以继承前人的成果，也可以增加人们之间的交流，因为大家不担心成果被剽窃，如此一来将极大地降低后续创新的机会成本，从而形成对创新的激励。

但是，当这一系统缺失时，由于创新并不被保护，基于对自身利益的考虑，人们将会选择采取保密的方式保护自己的创新成果，这样的保密机制一般依靠家族或者师徒关系传承，这样一来人们之间更多的将会选择减少交流，以便自己的成果不被窃取，其直接后果就是创新被继承的难度增大。

而且在前市场经济时代，由于特定的发展时期，创新的成果很容易因战乱、瘟疫等不可控因素而散失，这使得后人不得不重复前人初期的工作，从而加大劳动成本，中国历史中大量工艺技术失传与上述因素有着非常重要的关系。这也是造成农业文明时期，技术发展缓慢的重要因素。

总的来说，在一个追求稳定，且财富分配和占有依靠权力而非市场的前市场经济时代，在制度大范围缺失的情况下，创新活力一直处于被抑制的状态，很多成果也因传承制度的缺失和不可抗拒的外生冲击而遗失。但是，新的制度也正是在这样的环境中所孕育。

（二）创新活力释放

在齐博拉（Cipolla）对于前工业革命[①]，即公元十一世纪到十八世纪的对比研究中，他认为中国长期以来都是一个相对于西方更为富足，生产力水平和经济发展程度远远高于同期的西方世界的国家。虽然在同期，中国人均蛋白质摄入水平不及西欧国家，但中国作为一个超级大国，其资本积累程度远高于同期其他国家。此外，同期的文化对比研究也显示出中国在那个时期的文化积累远远超出了其他经济体。但是，在十八世纪，西方在完备的市场经济制度的带动下，经济技术都发生爆发性的增长，而中国却远远的落后于世界的步伐。

造成这一发展结果的根源就在于西方世界在完成制度构建之后，创新活力在适应性的环境下被完美的激发出来，由此带领世界走向了一个新的文明阶段。而造成这一系列事件的起源，则来自于西方封建制度下的异动，即行商与城市的兴起，以及由此引发的西方世界在科学文化领域的革命。

1. 行商——传统系统下扰动因素引发的革命

真正具有现代市场经济特征的社会最早诞生于中世纪的意大利和荷

① 工业革命一词源自于英文 industrial revolution，但是在这里将该词翻译成为产业革命更为恰当，因为工业革命中的工业一词直接对应产物是制造业，但是在英语语系的国家中，制造业被翻译成为 manufacture，而再其统计本门的 GDP 核算表中，基本上每一个产业都被冠名为 industrial，例如信息产业、电影产业，汽车产业。在本书中工业革命实际上与产业革命是等同的概念。

兰，这一历史进程从10世纪开始，一直延续到17世纪末期。然而本书并不着力于对历史的详尽梳理[①]，以下的分析更关注于在传统社会运行模式下的特异性扰动对西方世界的兴起所起到的作用机制。

综合来看，西欧在罗马帝国覆灭之后，逐步过渡到了封建领主制的庄园时代，其文化氛围在基督教的影响之下也开始逐步排斥商业，赢利被认为是可耻的行为。托马斯·阿奎那曾在其著作中写到，以高于公平价格出售商品是有罪的。然而，就在这样的一个时代，却有一群人成了这个稳定系统中的特异分子，他们对于系统的扰动在欧洲特殊的政治经济环境中无限放大，最终形成了颠覆性的制度革命，从而为创新活力在工业革命时代大放异彩完成了最为重要的积累。

上述变革的力量初始源自于行商，在行商力量的推动下，欧洲尽管缓慢但却出现了惊人的变革，这些变革包括了城市的出现与兴起，经济生活的货币化，市场机制成为主导资源分配的核心模式以及对于传统思想的冲击等。从这个角度来看，行商者就是在中世纪艰难地推动该系统进行演化的“创新人”，只不过他们的创新是以一种我们今天看来习以为常的方式“贸易”所进行的。

（1）行商与城市[②]的出现

行商（traveling merchants），在12世纪的英文中被称为“泥腿子（pie-powders）”，来自于拉丁语pieds poudreux——满是尘土的脚[③]。这些人携带着来自于欧洲各个地区甚至是远自阿拉伯地区的商品，行迹于西欧的各大庄园之间。这些行商者在漫长的行商岁月中，逐步发展出了一个相互依赖的商业网络。初始阶段，行商者会在不固定的时间出现在庄园周边，进而在几个庄园相互连通的中间节点会形成定期的集市，而这些集市有相当一部

① 关于这部分历史演进的资料可以翻阅厉以宁所著的《资本主义的起源—比较经济史研究》以及道格拉斯·诺斯与罗伯特·托马斯合著的《西方世界的兴起》前者着重于政治经济学的历史唯物主义分析方法，后者则注重于西方制度经济学的分析。

② 要强调的是这里的城市与汉语语境下的城市并不是等同的概念。在英语语系下城市为city一词词根源自于拉丁语civis的概念，即意味公民或者自由民聚集的地方。然而中国的城市更多的是一个行政级别的称呼，西欧的城市转变为行政中心则是近两三百年的事情。

③ 详见《经济社会的起源》，P37，［美］罗伯特·海尔布罗纳（Robert L. Heilbroner）/威廉·米尔博格（William Milberg）合著，格致出版社，2010年。

分逐渐发展扩大形成了固定的商业贸易节点。城市则作为贸易节点的副产品诞生了。在这个过程中，正是西欧封建社会的生存斗争，为城市的产生以及城市内部新的社会经济秩序的产生提供了机会。

城市产生的意义在于它们是一个脱离当时社会权力主框架之外的异物，因此它们可以自己确定相应的法规、社会行为规范，以及一套治理制度。同时，这些城市作为行商网络的关键节点，起到了信息交流与货物中转的作用，在这个过程中，极大地促进了生活的商业化和货币化。此外，由于城市作为地方的商业中心，可以充分发挥聚集的规模效应，即使在那个物资匮乏的年代，城市中依然聚集了足够的商店、酒吧、旅馆甚至是地方造币工厂，这也使得城市的生活气氛与农村相比更具有吸引性。尽管在这一时期城市的增长十分缓慢，却导致了市场的气氛和商业文明逐步渗透到了欧洲经济生活的方方面面。进而催生了新的社会阶层与市场经济的诞生。

（2）新兴阶层的兴起与社会发展环境的转变

伴随着行商和城市的发展，一支新兴的力量逐渐在西欧崛起——资产阶级。资产阶级的诞生对于欧洲封建社会的发展造成了颠覆性的冲击。新兴资产阶级将货币化的世俗生活引入传统且僵化的西欧封建社会，推动了西欧社会由身份社会向契约社会的转变，文艺复兴可以被视为这一阶段的标志性事件。这其中的变革基本上经历了以下几个阶段：

一是经济生活的货币化。货币化的经济生活除了带来交易效率的提升之外，对于传统价值观的冲击更为重要，因为货币化的经济生活意味着对于财富的追求成为一种合法化的价值观，这极大地颠覆了中世纪对逐利行为的怀疑。其次，货币化网络的扩展为现代金融制度的诞生提供了客观的需求。同时，货币化的经济必须是以供给需求为核心的，这就替代了中世纪以来依靠指令配置生产的模式，激发了经济系统的运行效率。

二是文艺复兴。新兴资产阶级一直在颠覆着西欧的传统宗教社会。由于这些人的价值观与中世纪教条式的宗教传统有较大差异，并且他们的经济财富地位迅速提升，最终引发了在欧洲的新文化运动——文艺复兴。而文艺复兴的出现以及其对于人本主义精神的提倡，对欧洲的传统文化产生了颠覆性的影响。从后续历史发展事实来看，文艺复兴是诱发欧洲宗教改革的核心推动力量，而宗教改革后在欧洲诞生的“新教”更是被马克斯·韦伯[①]视为推动西欧资产阶级革命的核心变革力量。此外，在文艺复兴时期，对于自然发展的关注，直接推动了近代自然科学的产生。

（3）市场经济制度的建立

伴随着西欧整体经济的发展，西欧国家的人口在中世纪经历了较大幅度的增长。人口增长为贸易的增加提供了可能性。市场的扩大和贸易的发展，一方面使得人们可以将自身才能更多的用于新产品工艺的革新，另一方面也促使着新的组织和制度的产生，如委托制与合同制、银行存款业务、保险业、直接贷款、集市、商法、新城镇。此外，在公共品提供方面，市场扩张使得私有财产的保护成为需要，从而更有利于保护私有财产。

在 14 世纪和 15 世纪，疾病、饥荒、战争造成人口显著下降，贸易萎缩、分工缩小阻止了生活标准的上升，利用市场组织生产的费用上升进一步约束了经济的发展。但同样，由于人口减少提高了劳动力的谈判能力，劳役地租不可逆转地被货币地租替代，土地由自由的承租人和领取货币工资的工人耕种。此外，由于混乱造成了严重依赖封建地租的岁入下降，政府支出的最低水平相对提高，财政压力使得有效率的政治组织得以保留而无效率的政治组织则被对手吞并，这促使了民族国家的萌发。由此，封建社会的基本结构瓦解。

更进一步来看，17 世纪时欧洲又一次面临马尔萨斯陷阱，这时英国和荷兰的人口开始增长，法国和西班牙等国则没有逃脱马尔萨斯陷阱。法国的分益耕作制和行业垄断的盛行，西班牙广泛存在的垄断、财产权安全感和可耕地所有权这些问题决定了法国和西班牙的衰败。同时，荷兰的市场发展，使其交易费用下降，保持了国家经济的发展。英国的垄断法、专利法等法律的颁布促进了经济的发展，并为工业革命的诞生奠定了市场经济制度基础。

总体来看，欧洲的行商作为不被社会主流所接纳的异己力量，在泥

---

① 《新教伦理与资本主义精神》，该书通过对大量经验的归集与分析，论述了新教伦理与近代理性资本主义发展之间的生成发育关系。

泞小道上艰苦前行，面对无尽的风险。通过复兴一种比基督教更为古老的制度——贸易，他们因此成了传统的颠覆者、新制度的创建者。他们实际上为创新活力四射的工业文明时代奠定了制度与文化的基础，同时激励着后人敢于对传统发起挑战。从这个意义上来说，这些行商者，才是在漆黑世界做出伟大探索的最卓越的创新人，尽管缓慢艰难，但是他们颠覆了世界，打开了文明的新窗口。

2. 外部竞争压力下科技文明的兴起

欧洲在进入中世纪之后，虽然罗马教廷一直是名义上的宗教领袖，但是欧洲一直没有形成类似于中国这样的中央集权制国家。松散的城邦与小王国之间对于人口、土地等资源要素的争夺从未停歇。譬如从德国的历史发展来看，自从1226年普鲁士条顿骑士团东征开始，直到1834年才真正意义上建立了德意志帝国。而如果以威廉一世加冕作为德意志帝国的建立标志，这一时间更要推迟到1871年。从英国国家的建立来看，自12世纪英国人击败诺曼公国，重新获得独立到1688年“光荣革命”后确立了君主立宪制，期间也经历了四个多世纪，而苏格兰与英格兰的合并则要到1707年。

在剧烈的变革中，中世纪到近代的欧洲国家（或是公国与城邦），实际上一直面临着巨大的外部竞争压力。然而，正是这些区域间的竞争压力，反而促进了欧洲商业文明的发展，刺激了欧洲科技的进步。因为公国之间战争的需求，一方面增加了封建领主对于资本的需求。另一方面，战争对于军事技术的需求，直接促进了数学、物理、化学的诸多学科的现代化进程。

首先，从战争对于资本的需求来看，由于中世纪只有商人手中持有足够的货币资源，因此，尽管商业活动与中世纪封建制度的传统不相容，但是出于战争需要，各公国反而为新兴的商业资本提供了保护。同时，资金的需求与商业利润追求相叠加，直接促进了航海的发展。航海首先需要解决的就是经纬度的问题，不同于中国从南到北的海岸线，要想在欧洲蜿蜒曲折的海岸线之间进行精确的航行，必须拥有先进技术。因此，在这一时期，西欧各国的国王和贵族都曾悬赏重金征求人才，以解决这一问题。最终，历经几代人的努力，发现了两种可靠的确定经度的方法：（1）利用时差确定经度，它推动了机械钟表的发明与改进，以及力学和精密机械的发展，为工业革命提供了技术支持。（2）利用行星的轨迹来确定经度。这一历程经历从托勒密、哥白尼到开普勒、牛顿经历了相当漫长的时期，而与之相伴的是天体力学的发展。其次，从国家军事竞争的需求来看，为解决火炮的弹道力学计算问题，也促使牛顿和莱布尼兹等人在同一时间发明了微积分，微积分则成为现代科学中运用最广泛的数学工具之一。对于微分方程和积分方程解的问题研究，直到现在仍是推动数学学科发展的重要分支[①]。

更为重要的是，欧洲国王和贵族认识到科学技术对于维持国家竞争力的重要作用之后，相继出资建立包括国家科学院和大学在内的大量科学研究机构，用以专门供养这些在科学技术领域具有特殊能力的创新人才，使得他们的特殊才能得以发挥。同时，西欧国家也加大了对于基础教育领域的投资，用以人力资本的累计和有意识的创新人才的筛选。在这个过程中，西方世界逐渐诞生了推动国家现代化发展的重要支撑力量——科技文明。

3. 外生环境制约与体制刚性下中国创新活力的衰减

当西方世界在泥泞的小路上为变革艰苦的挣扎时，中国一直在享受着农业文明发展所带来的福利。然而，中国的强大并不依赖于单位人均产出，而是依赖于广阔疆域和庞大的人口基数，以及具有极强资源配置能力的中央集权政府。尽管这套机制在中原政权对抗北方游牧民族的入侵时发挥了非常重要的作用，但是不可否认的是，当时的中国存在着体制僵硬的问题，制度的变更很难在体制内部自生演化。这也一定程度上禁锢了人们的创新思想和创新行为。

由于中国过早步入了大一统的中央集权制国家，统治者在小农经济为主体的经济结构下，将社会的稳定视为压倒一切的力量，从汉武帝开始，历代中国帝王都采取了重农抑商的政策。商人不得参加科举考试，经营权、财产权经常受到随意的侵害，并且单一的大一统政权使其无法依靠货币赎买作为保护自身的方式。尽管中国历史上也有过商业发达的时期，如

① 详见《文明分岔、经济混沌和演化经济学》，P40–50.

北宋、明中晚期，但不幸的是每一次的商业体系萌芽，都在北方游牧民族的侵扰中被迫中断。

同时，在大一统的中央集权制体系下，统治者在遏制商业发展的同时，也创造出了一套理想的官员选拔制度即科举制，而这条路径逐渐成为普通人改变社会地位、追求财富的方式，也是唯一的通道。自此，形成了“学好文武艺，货与帝王家”的制度格局。在这样的制度下，对于那些拥有着聪明才智、接受了教育的人来说，参加科举，考取功名，获得加官晋爵无疑拥有着最高的投资回报率。因此，那时中国的创新人才都牢牢地被科举制度束缚，成了传统文化的维护者，从而失去了推动社会变革的动力。

事实上，科举制度初始阶段的考试内容中，是包括数学的。然而，由于后期统治者认为数学对于其统治并没有什么帮助，因而将其取消，这也断送了中国后续发生科技革命的可能性。同时，在我们的文化中一直对于技术工作持鄙夷的态度，巫医乐师百工之人并不受国家统治者的尊敬。如此诸多影响因素的作用下，中国在经历了 8 至 12 世纪的技术飞速进步之后，整体社会的科技发展陷入停滞。

在中国，创新活力被系统化的抑制后，我们只能在书画诗歌领域抒发情怀。更严重的是，由于科学研究体系的匮乏，技术进步一直难以得到深化，这使得资本难以得到进一步积累，自然就无法诞生大规模机械化生产的工厂。因此，中国历朝历代的治理者只能将王朝的更迭归结为腐败和丧失民心，从而在根本上忽略了造成王朝更替的本源，以至于中国在历史的更迭中不断地演马尔萨斯循环。

（三）创新活力发展

在经历了中世纪时期长达近七个世纪的等待与变革，人类的历史步入了一个新的发展阶段，在市场机制逐步完善的背景下，对于追求财富的价值观也成为社会文化的主流，人类社会的技术创新与资本积累达到了前所未有的高度，这也是创新活力大放异彩的时代。在制度环境与技术积累都达到了临界状态之后，人类社会的发展历程相比于前市场经济时代，犹如核裂变反应一般产生了质的突破。在这一时期（一直延续至今）的短短二百多年的时间内，人类所创造的物质财富超越了以往任何历史时期。并且，更为重要的是，科技与创新已经成为人类解决诸多社会问题的关键手段。

与此同时，由于该阶段创新活力的不断发展，使得整个经济社会的增长一直处于波浪式的前进状态，特别是创新在市场机制的筛选与扩散过程中，叠加了金融资本，从而放大了其作用。尽管社会的经济变动从马尔萨斯循环的残酷中解脱出来，但是经济周期的频率却也被放大了。

1. 历史上的五次创新活力潮涌

人类知识进步中的重大突破是长期持续增长的主要源泉，他们扩散到世界上相当大的部分，可以称之为划时代的创新（西蒙·库兹涅茨）。当经历了西欧世界漫长的制度演化之后，人类终于进入了一个财富快速积累的时代，这个时代是由技术划分的，也是由这些创新人才所开创的伟大发展阶段。这些人才最初聚集在某一个核心国家，甚至是一个特定的地区，并由他们开创一个新的经济发展纪元。

这一切始于1771年的英格兰兰开夏地区，在那里阿克莱特建立了第一家真正意义上的由机械生产的纺织工厂，自此通过机械化削减成本之路成了那个时代的引领未来的核心。60年后，1829年，当斯蒂芬的蒸汽机车第一次出现在铁轨上，当瓦特等人的蒸汽机替代了水利成了工厂的核心动力装置的时候，另一个伟大的时代又诞生在英国。不过在此之后，世界的经济中心逐步发生了转移，1875年，卡耐基的酸性转炉引爆了钢铁产业，钢铁时代的到来直接推动了重化工业、交通运输的爆发性增长。同时，后续石油工业的发展，为内燃机革命提供了先决条件，而直到1908年T型车的诞生，才标志着大规模流水线生产模式成为未来趋势，因为它勾勒出了未来工业化产品成本大规模下降后的图景。最后，当英特尔于1971年开发出第一个微处理器时，微型计算机成了可能，这同时也意味着信息化时代的到来。（具体详见表1–1）

表 1-1　相继出现的技术革命[①]

发展浪潮	标志性的技术事件	核心国家	年份
产业革命	珍妮纺纱机与阿克莱特的纺织厂	英国	1771 年
蒸汽机与铁路时代	蒸汽动力机车“火箭号”与瓦特的蒸汽机	英国（逐步扩展到欧洲大陆）	1829 年
电气与重工业时代	西门子发明了发电机 卡耐基的酸性转炉钢厂	美国和德国对于英国的赶超	1829 年
石油、汽车与大规模生产时代	福特的 T 型车等	美国（初期与德国竞争）向欧洲扩展	1908 年
信息与网络时代	英特尔的微处理器	美国（逐步向欧洲、亚洲扩散	1971 年

当然，这并不意味新生的技术能够快速的适应经济环境，因为任何一个新的技术创新都需要在市场中得到验证，与之相对应的则是配套的基础设施、产业组织及制度模式。

2. 创新活力的发展与基础设施及经济制度的革新

创新活力的每一次潮涌所引发的技术革命均需要一批与之相互配合、相互协调的产业集群，以及与之相互配套的基础设施。创新不会毫无征兆的出现，创新要基于原有体系的基础，并对原有的产业生态发挥作用。随着创新的产生，经济系统又会内生出一系列与之相互适应的组织形态与制度模式。

首先，从创新活力发展与基础设施的相互耦合关系来看，在创新爆发的阶段，这些产业事实上已经存在于原有的体系中，只不过并不起主导作用。如在信息产业革命之前，电子工业已经存在了二十多年，但是直到微处理器的诞生，才让人们看到了其商业化的潜力。同理，在 T 型车面世之前，石油工业、内燃机技术已经出现，但直到福特将其大规模流水线生产之后，它对经济发展的促进作用才得到充分显现。

同时，在新产业大规模发展的过程中，同样会对于基础设施提出新的要求。如第二次技术革命催生了美国全国范围内的铁路与电报网络。内

① 该表根据卡洛塔佩雷兹（Carlota Perez）“Capitalism，Technology and a Green Global Golden Age：The Role of History in Helping to Shape the Future”一书中的相关内容整理。

燃机与电气化时代则促进了全国范围内电力传输网络与高速公路网络的诞生。而信息技术革命，则带来全球链接的国际互联网以及无线通信网络。（具体见表 1–2）

表 1–2 创新浪潮下创新核心产业与关键性基础设施[①]

创新浪潮下	创新核心产业	关键性基础设施
始于 1771 年产业革命	机械化的纺织业、熟铁制造与机器	运河、收费公路、水力（经过重大改良的水力涡轮机）
始于 1829 年的蒸汽机动力和铁路时代	蒸汽机和铁质机器（煤作为主要动力）、铁矿与煤矿采掘、铁路车辆生产	铁路、普遍邮政服务、电报（沿铁路传输）、大型港口与航运
始于 1875 年的电气与重工业时代	廉价钢铁（尤其是酸性转炉）、钢制蒸汽动力船运、重化工业、电力设备以及轻工业的机械化生产	大型桥梁与隧道、世界范围内的电报与电话、标准化的铁路、电力网络
始于 1908 年石油、汽车和大规模生产时代	批量生产的汽车、石化工业、内燃机的广泛使用、家用电器	高速公路网络、航空网络、石油（液化气）网络、普遍的电力供应，全球范围内的模拟通信系统
始于 1971 年信息和网络通信技术时代	大规模集成电路、微电子产业、计算机与通信设备、软件设计、控制设备	世界性的数字通信网络、因特网以及其他网络服务、多元化能源供应网络、高速物流系统

其次，从产业组织与制度形态来看，在一次创新活力的释放之后，自然激发了与之相互协调的基础设施。这一方面影响了市场投资偏好，另一方面则催生出了新的产业组织与制度形态。在新技术的冲击下，旧有的组织无法充分应对或利用新兴技术，因此，在人们追逐价值实现与市场中资本逐利的双重作用下，必然会对原有组织形态和制度进行革新。（历史进程见表 1–3）

例如，在大规模工业化生产时代，科层制是最为有效的管理模式，然而在信息化时代，分散化、扁平化的网络组织结构因其在效率和对新技术的适应上具有优势，逐步替代了科层制管理。此外，由创新人才引发的产业组织变革，逐步渗透到文化甚至政治领域，如大规模工业化时代的到来，直接刺激了大众消费文化的诞生。

① 根据卡洛塔佩雷兹（Carlota Perez）对于技术经济范式的相关研究整理。

表 1–3　历次创新浪潮对于经济组织与制度变革的影响[①]

第一次浪潮	工厂化生产、机械化、水利运输体系
第二次浪潮	聚合的经济 / 工业城市 / 全国性的市场、具有全国性网络的动力中心、规模意味着进步、标准零部件 / 以机器生产机器、可控的工业能源
第三次浪潮	巨型架构设计（钢制）、工厂的垂直一体化生产、可分配的工业动力（电力）、科学成为生产力、世界范围的商业网络（垄断组织、跨国集团）、普遍的标准化、出于控制和效率目的建立的会计核算体系、世界市场
第四次浪潮	大规模工业化生产 / 大众消费市场、规模经济 / 水平一体化、合成材料、职能专业化 / 科层体系、大城市中心和郊区化、世界范围的协议和对抗
第五次浪潮	信息密集化（基于微电子技术和通信技术）、非集权的一体化 / 网络结构、知识的资本化 / 无形资产附加、产品的异质性与多样性、细分市场、全球化和局部的互动、即时通信与普遍互联

四、基于绿色增长框架的创新人理论

（一）科技创新发展体系

人是一切经济活动的中心。科技创新发展是以人为根本基点，由人群组合而成的各类创新主体在特定的支撑条件下运用创新资源开展创新活动、形成创新成果并作用于经济社会发展的复杂过程。更具体地说，政府和市场共同为科技创新活动提供创新环境和创新服务，企业、科研院所和高等院校等创新主体，通过人力资本和研发经费等资源投入，践行知识创新、技术创新、管理创新、体制创新、商业模式创新和生产组织方式创新等协同创新机制，形成知识、技术和社会绩效等方面的产出。实际上，这也可以被视为一个城市创新系统，其具体路径如图 1–4 所示。

① 详见《技术革命与金融资本：泡沫与黄金时代的动力学》，P18，卡洛塔・佩雷兹，中国人民大学出版社，2007

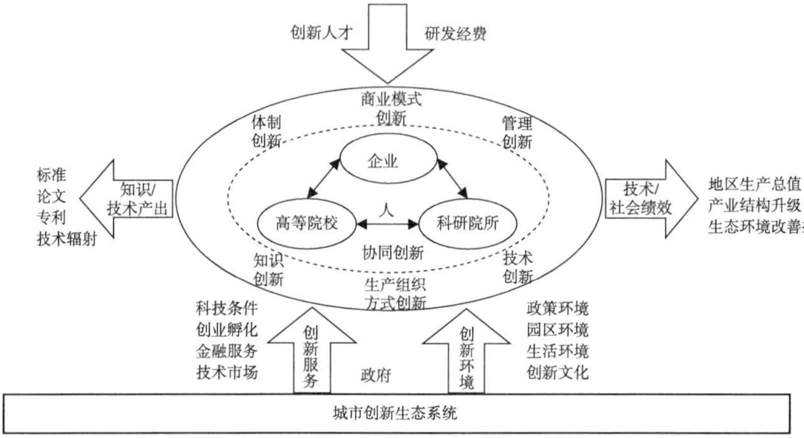

图 1-4　科技创新发展体系图

1. 人是创新的关键

首都科技创新活动的行为主体包括企业、科研院所和高等院校。它们通过密切的相互协同作用，共同构成一个创新生态系统。企业是国民经济的基础，是科技转化为生产力的集成环节，在创新生态系统中，企业是技术创新需求、研发投入、创新活动及成果应用最重要的主体。科研院所和高等院校在基础研究、应用基础研究和战略高技术的若干重要领域具有雄厚实力，充分发挥着科技创新中的引领作用和区域知识扩散中的辐射作用，二者也都是创新体系的重要力量。无论哪一类创新主体，开展创新活动的人是否能够发挥积极性和创造性，是创新主体能否有效实现创新目标的关键。因此，在科技创新发展体系中，人处于最核心的位置，人才是科技发展的核心竞争力，是提高自主创新能力的关键所在。

人从数量和质量两个方面影响创新。如果创新存在一定的发生概率，那么从事创新的人的增加，显然会提升创新的数量，进而促进经济增长。人力资本常被用来反映“质量”。1906 年，欧文·费雪率先明确提出人力资本概念，后经过西奥多·舒尔茨、加里·贝克尔和雅各布·明塞尔等人不断发展，形成人力资本理论体系。一般认为，舒尔茨是现代人力资本理论主要创立者，被西方经济学界称为“人力资本理论之父”。舒尔茨认为人力资本是经济发展的关键原因，并提出了提升人力资本的五个途径：一是医疗和保健，从广义上讲，包括影响一个人的寿命、力量强度、耐久力、精力和生命力的所有费用；二是企业所采用的旧式学徒制的在职人员培训；三是初等、中等和高等的教育；四是多见于农业的技术推广项目；五是个人和家庭因为工作变化导致的迁移。创新人力资本是人力资本的一种。创新人力资本提供的科技创新直接转化为生产力，带动经济增长。同时通过促进其他资本提高效率、合理配置、改善生产关系和提高人力资本水平，创新人力资本又间接推动了经济增长。

2. 政府和市场为创新提供环境和条件

政府和市场在科技创新生态系统中起着为创新活动提供基本环境和条件的作用，这些条件是科技创新活动必需却难以由创新主体自行解决的。其中，政府侧重解决制度和政策等公共性问题，市场发挥配置资源的基础性作用，在有些领域还要形成既不错位、越位又相互补充的合作伙伴关系。在政策环境、园区环境、生活环境和文化环境以及创新服务方面，政府和市场都要各司其职、各有侧重。

具体而言，政府的作用体现在：一是要资助基础科学研究。大多数基础研究投入大，投资回报周期长，风险高，这一特点与金融市场短期高回报的要求并不完全吻合，因此大多数企业没有投资意愿。大量经济学领域的实证研究都证实了这一点。Narin 等人（1999）通过对 1987–1993 年间美国技术专利与公共科学之间关系的定量研究表明，就整体而言，美国企业技术专利引用论文的 73.3% 来自公共资助的学术研究，只有 26.7% 的引文来自企业进行的研究。像 IBM 这种科技含量高的公司，在 1993–1994 年的专利中，属于公司自给的科学知识贡献只有 21%，剩余的 79% 则是公司以外的知识。① 二是要提供一流的创新环境。塑造允许失败的科研氛围。对于科学研究来说，失败有时是难免的，一个科技突破总是在经历了无数次失败之后才获得的。努力营造信息公开、透明，资源共享的科研环境。通过建设公开、透明的科研信息披露制度，来避免科研领域的寻租行为，避免劣币驱逐良币现象。构建合理的资源共享机制，促进企业学校科研院所之间、各个机构内部的资源贡献，提高科研效率。三是要提升创新人力资

① 转引自马佰莲，曾国屏。“基莱问题”与政府资助基础研究的理性，科技文化评论，第 4 卷，第 5 期，2007.

本。要有“大人才”的视野，高度重视和合理评估自身的人才优势。重视“创新人”的培养和引进，为人们提供多种教育、培训机会，增强创新人才储备，既要重视科技人才，也要重视市场、财务和行政等其他领域人才；既要引进贡献思想的顶级专家，也要吸引能实现落地的技术人才。不同类型不同层次的人才分工合作，各展所长，才能将创意、概念转化为新的商品和服务，才能实现创新发展。

在市场经济中，市场的基础性作用引导资源配置与激励创新，市场价格由供给与需求决定，竞争激发创新。市场的作用体现在要充分发挥企业和企业家在创新中的作用。通过企业家的市场判断和商业价值分析，提出科技创新的合理方向。对于竞争性的新技术、新产品、新业态开发，应交由市场和企业来决定。苏联科技创新的失败是一个典型的反面案例。苏联虽然是“世界上第一个成功发射人造卫星的国家，军用技术和空间技术，与美国不相上下”（梁小民，2011），但是这种技术创新并没有体现在国民经济中。从二十世纪六十年代末到七十年代末，工业总产值增长从 8.5% 下降到 5.9%，农业总产值从 4.3% 下降到 1.1%，劳动生产率年增长从 6.8% 下降到 3.2%（叶书宗、郑异凡，2013）。原因就在于苏联计划经济体制下没有企业家存在。基础研究、应用研究和开发研究中，开发研究主要是由企业和企业家组织开展。1987 年苏联开发研究的经费比例仅 26.9%，而同年美国数据为 66.7%，两者相差一倍多。

3. 创新需要有效激活科技资源

在某种程度上，创新活动是一种昂贵的活动，需要大量的资本和人力资源投入。创新人才和研究开发经费是科技创新资源的核心要素。在创新资源投入中，创新人才相对研究开发经费更为重要；在研发经费投入中，企业的研发经费投入又相对更为重要，它直接影响和决定着企业的创新动力、创新活力和创新能力。

激发创新资源中人的活力，关键在于最大程度发挥人的积极性与创造性，需要从体制、管理以及文化三个层面入手。首先，要通过科技体制改革破除对“人”的束缚。基于科技创新的较高不确定性、难以被量化的特点，科研人员必须有极强的理论敏感性，以及“板凳宁坐十年冷”的执着，这不但需要科研人员远离事务性行政工作的干扰，更要求其摒弃过分功利化的心态，将寻求真理、开展研究视为目的，而非工具。

其次，应加强高校创造主体与企业创新主体的作用，发挥市场在科研资源配置中的作用。构建一套容忍失败，惩戒欺诈的科技创新失败补偿保障体系，从体制机制上鼓励科研人员回归科技创新的本质。同时，在企业或组织层面，认识到科技创新人才的价值，构建与之匹配的激励机制。在高新技术企业中，科技创新人才是企业最重要的人力资源。他们拥有较高的人力资本存量，也就意味着他们为获取人力资本进行了相比其他员工更大的投资，而且很多是专用性人力资本投资。因此，企业应当通过建立领先型薪酬战略、提高薪酬支付的民主性以及股权激励等措施激发企业科研人员的创造活力。第三，在文化层面需要继续解放思想，倡导追求真理、宽容失败、容忍并鼓励张扬个性的精神，赋予创新人远高于功利之外的精神与文化价值，在全社会塑造为求真而创新的良好氛围。

4. 创新活动要在开放的系统进行

科技创新体系是一个开放的系统，包括系统内要素要相互开放、相互合作，还包括区域间的互动合作以及全球范围内的交流。近年来随着互联网和社交媒体的巨大发展，知识传播和获取方式出现了巨大变化，组织和个人可以借助网上学院、维基百科（Wikipedia）等迅速获取知识，从而群体迸发创意和想法的潜在可能性加大；同时征集公众创意、整合内外资源、想法沟通碰撞等的成本大幅降低，效率极大提升。这一趋势直接促使了开放创新的快速发展。硅谷、NASA、美国通用电器公司等通过开放创新获得了巨大成功。与传统创新相比，开放创新在以下方面具有较大优势：

一是打破智力局限：企业和组织内部的专门知识和技能并不总是最新最尖端的，是可以从外部智力中获取。

二是获取外部资源：即使对于大型企业和组织也并不总是具备充足的研发资源。而开放创新可以通过合作、联盟或者其他方式来实现资源共享。

三是客户介入分析：以客户为导向的产品或服务，一个企业和组织靠自己不能完全评估其潜在的全面效果。客户的介入可以为产品或服务创新带来深度和精确的评估。

四是形成创新机制：传统组织中的职能分配，使得智力高度分离。员工的技能是按照角色和岗位定义的，阻碍了跨学科的复合型人才的产生。同时组织内部很难形成分享和交换的文化，不利于创意和想法的产生。而开放创新的网络化、交互的特点可以改变这一缺点。

五是启发新商业模式：想法和创意往往需要与之相适应的商业模式。很多企业和组织并不具备那些与其商业模式不一致的想法和创意，导致很多想法和创意被扼杀，而开放创新则可以使得这些想法和创意得到充分运用，诞生新的商业模式。

（二）创新驱动城市绿色发展

创新应以促进社会经济可持续发展，实现人类进步为根本目的。本书从经济发展转向生态绿色发展的视角，旨在说明城市科技创新系统的最终导向在于促进城市的可持续发展，例如绿色发展。各类推动科技进步和创新的举措，最终都要落实到经济发展方式转变、产业结构调整以及广泛惠及民生等方面中。当前我国经济社会发展面临较为严重的资源环境约束，而促进城市创新发展则是破解这一难题的关键手段，即创新驱动城市绿色发展。其具体路径见图 1–5。

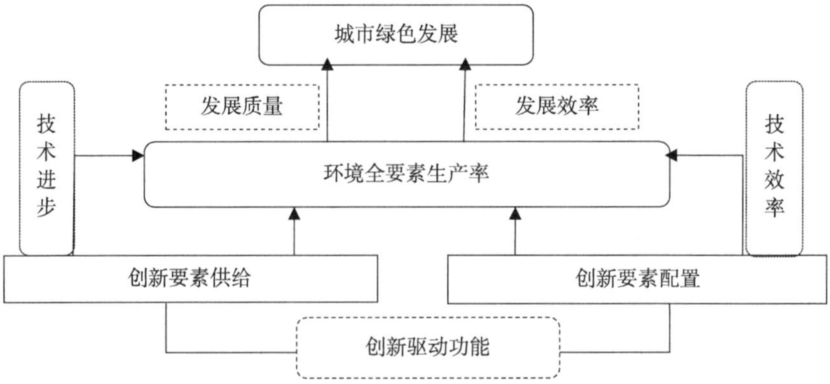

图 1–5　创新驱动城市绿色发展机制图

1. 创新与绿色发展

1962 年，美国生物学家雷切尔·卡逊出版了《寂静的春天》一书，用假想的故事揭示了工业发展带来的环境污染对于自然生态系统的巨大破坏。其后罗马俱乐部作为国外著名的可持续发展研究机构，于1972年出版了《增长的极限》一书，其率先运用实证模型，从资源线性与增长的指数性出发，论证了土地对人口的制约和资源、环境对工业增长的制约，引起了关于未来增长的激烈讨论。

1989年，英国环境经济学家戴维·皮尔斯等在其著作《绿色经济的蓝图》中，首次提出绿色经济一词，强调经济发展应当与自然环境和社会发展相协调，既不能盲目追求经济的绝对增长，同时要避免对自然资源的无节制开发利用。2007年，联合国环境规划署首次将"绿色经济"定义为"重视人与自然、能创造体面高薪工作的经济"，并在2008年的报告中对此定义进行了修正即"提高人类福祉、改善社会平等、降低环境风险、改善生态稀缺的经济发展模式"。

绿色增长的概念则是在2005年联合国亚太经社会环境与发展部长会议上提出的，最初被定义为"为推动低碳、惠及社会所有成员的发展而采取的环境可持续的经济过程"。2008年，面对日益严重的国际金融危机，联合国环境规划署启动了全球绿色新政计划，旨在使全球领导者以及相关部门的政策制定者认识到经济的绿色化不是增长的负担，而是增长的引擎，呼吁各国大力发展绿色经济，实现经济增长模式转型，得到了国际社会的积极响应。随后，2009年，经济合作组织发布的《绿色增长宣言》，2010年，欧盟出台的《欧盟2020》，都将绿色发展作为提高区域和国家竞争力的核心战略。美、日等发达国家陆续出台绿色发展战略规划，力图通过科技、产业创新推动向绿色转型，走出危机。2011年，OECD进一步修正和深化了绿色增长概念，将其定义为"在确保自然资产持续提高人类社会所依赖的资源和环境服务的同时，促进经济增长和发展"，进一步揭示了绿色增长的本质和内涵。

学术界对创新特别是科技创新与绿色发展之间关系也进行了大量研究。费米塔尔（2005）等人在回顾科技进步推动劳动工具更新换代关系的基础上，认为科技发展显著改善了生活水平，有利于社会可持续发展。博莱（2014）等人提出科技创新将从多种方式促进可持续发展，建议政策制定者应注重人力资本投资，制定实施并督导落实本国的科技政策，解决全球的温室气体排放问题，从而实现可持续发展。萨瑞托（2015）分析了西方社会环保意识变化的历程，提出普遍建立技术评价体系有助于可持续发展方式的形成。关成华等人（2016）测算了中国区域绿色发展情况，并研究了技术创新与绿色发展之间的关系。这些研究大都认为技术创新有助于绿色发展。

2. 绿色全要素生产率

全要素生产率（Total Factor Productivity，TFP）的概念是相对于单要素生产率而言的。所谓单要素生产率指的是单个投入要素的生产率，如劳动生产率和资本生产率，分别为产出与劳动投入或资本投入之比。但是现实经济生产并不只是一种投入，而是包括了劳动、资本、资源等所有要素。Davis（1954）认为全要素生产率应包含所有的投入要素，即包括劳动力、资本、原材料和能源等。在经济增长中，一部分来自于投入要素的规模增加，余下的部分则归因于技术的进步和效率的提高，这一部分的增长即为全要素生产率。

因此，全要素生产率首先可以分解为两大部分：技术创新和效率改进，其中效率改进又可以分解为纯技术效率和规模效率。技术创新是指新的知识、新的技能或发明创造所引致的生产率的提高；纯技术效率代表管理、制度创新以及生产经验的积累所引发的效率提高；规模效率主要指企业规模扩大所带来的规模经济而引发的效率提升。

随着环境问题在经济社会发展中的影响日益凸显，越来越多的学者认为：资源和环境不仅是经济发展的内生变量，同时也是经济发展的刚性约束，因此，利用全要素生产率评价经济绩效的时候，不仅要考虑传统的资本和劳动要素，同时也要考虑对经济发展影响巨大的资源和环境因素。许多文献（Mohtadi，1996；Ramanathan，2005；李玲，2012；陈超凡，2016；陈阳和唐晓华，2018）开始把环境因素与资本、劳动和能源投入一起引入生产函数，估算得到的全要素生产率为绿色全要素生产率。

2016 年，国际组织 OECD 提出了 EAMFP（Environmentally Adjusted Multifactor Productivity）概念，将其归入 OECD 绿色发展指标体系之中。

从本质上讲，EAMFP 属于绿色全要素生产率[①]的一种，其测算理念简洁清晰，与全要素生产率的传统测算思想一脉相承，在增长核算框架下采用余值法测算，即从总产出中减去各种投入的贡献，剩余部分便是由绿色全要素生产率做出的贡献。实施测算时，将 GDP 和环境污染分别看作期望产出和非期望产出，将投入分为资本、劳动和自然资源资本。根据图 1-6 所示的各种投入产出与绿色全要素生产率的关系，容易得知"绿色全要素生产率 =GDP+ 环境污染调整 - 资本投入 - 劳动投入 - 自然资源资本投入"。

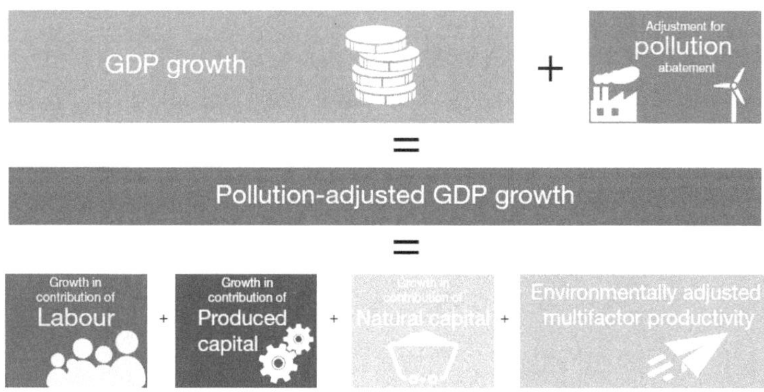

图 1-6 OECD 绿色全要素生产率（EAMFP）概念图

3. 创新驱动城市绿色发展机制

科技创新发展系统通过提供创新要素供给，优化创新要素配置，来促进技术进步和技术效率的提高，从而改进环境全要素生产率，进而促进城市绿色发展。城市绿色发展就是要解决人与自然和谐发展问题，走一条生态优先的绿色发展之路，通过生态绿色化、生产绿色化、生活绿色化，走向生态文明新时代。城市绿色发展离不开创新驱动，离不开理论创新、文化创新、制度创新，尤其要依靠科技创新的引领与支撑。科技创新在应对人类共同挑战、实现可持续发展中发挥着重要的作用，我们唯有依靠创新要素才能为城市绿色发展提供根本动力。

（1）创新驱动城市绿色生态质量提升

资源、环境、生态是人类生产生活的物质基础，城市绿色发展的根本

① 下文中绿色全要素生产率与 EAMFP 同义。

前提是推动生态绿色化，即建设资源节约、环境友好、生态良好型社会。然而，当前我国资源约束趋紧，环境污染严重，生态系统退化，发展与人口资源环境之间的矛盾日益突出，已成为经济社会可持续发展的重大瓶颈制约。创新驱动是生态绿色化的根本动力，通过创新可以驱动城市资源节约、污染防治和生态保护，提升城市发展质量。绿色生态建设必须依靠科技创新驱动。

（2）创新驱动城市绿色生产效率提升

城市绿色发展的核心是处理金山银山与绿水青山的关系，关键在于构建绿色生产方式与产业结构，发展绿色经济、低碳经济、循环经济，推动建立绿色低碳循环发展产业体系。转方式、调结构的基础动力在于创新，詹姆斯·史伯斯指出：减少污染和能源消耗，但同时又能达到预期的经济增长，主要方法就是对当今制造业、能源、交通和农业各领域所普遍使用的技术进行一场全面的改革。具体来说，创新驱动将作用在绿色生产、产业优化升级、绿色产业研发等领域。通过技术创新来拉升技术效率，进而促进城市生产绿色化效率提升，使城市绿色发展。

（3）创新驱动城市绿色生活动力提升

生活方式与消费模式是影响城市绿色发展的重要因素，推进城市绿色发展应构建绿色生活方式和绿色消费模式，推动全民在衣食住行游等方面加快向勤俭节约、绿色低碳、文明健康的方式转变。而创新是影响生活方式与消费模式的关键因素，现代科技革命全方位改变了人类消费、出行、居住等生活方式，塑造绿色消费、绿色出行和绿色居住的新生活结构，提升城市生活绿色化质量。创新驱动必将成为推动城市绿色发展的重要力量。

第二篇　大数据研究

城市是创新发展的空间载体，也是创新人才的栖息地。如前文所述，人人都是创新人，人人都有创新意愿。但是，需要我们进一步考虑的是，在一个城市中，究竟有多大规模人群的创新活力已经显现出来，这个人群（我们将其视为狭义的“创新人”）又有什么样的特征及问题。为了弄清这个问题，我们以中国北京市为例，借助大数据的研究方法和手段，对创新人进行了更为具象的摸索和探讨。之所以选择北京作为研究对象，是因为北京作为中国的首都集聚了大量的创新资源，其在科技创新方面具有得天独厚的优势。以北京为例进行研究，更具有典型性和可分析性，能帮助我们更好理解城市中的“创新人”。

本篇以北京市特定创新人群为研究对象，利用移动大数据和经济学研究手段，研究了该人群的特征、挑战，并提出了政策建议。主体内容由五大部分构成，分别是：研究背景、研究方法与技术路线、首都创新人群的特征及其面临的挑战、政策建议等。研究发现首都“创新人”有三大特征，三重挑战，提出了四项建议。其中：

首都“创新人”的三大特征：一是总量巨大，远超硅谷。其规模为320多万，占北京市常住人口的14.8%，平均每7个北京常住人口中就有1个创新人才，总数超过硅谷所在地——旧金山湾区三大城市（旧金山、圣荷西和奥克兰）的总人口之和。二是性别差距不明显，以青年为主。首都创新人才的性别结构为57.7%：42.3%，男性略占优势，女性也发挥着重要的作用。从年龄结构看，主要以中青年为主，50岁以下占比77.7%。三是工作集中，“职住分离”。首都创新人才的工作地在城市中心区域（海淀、朝阳、东城、西城、丰台）集聚效应显著。居住地则相对分散，东城、西城等城区工作属性明显强于居住属性，昌平、通州等城区居住属性明显强于工作属性。

首都“创新人”面临的三重挑战：一是供需矛盾突出，面临着人口老龄化的潜在威胁。未来5年内，首都的创新人才中60岁以上占比将上升为

11%，进入严重老龄化阶段，面临供给压力。创新发展阶段对人力资本增长要求很高，北京与旧金山和波士顿存在明显差距。北京未来对人才的需求仍然旺盛。二是创新成本较高。若不包括环境、社会等损失在内，仅以经济损失核算，且以交通成本为例，该人群每年因通勤造成的潜在经济损失约为 1300 亿元，超过 2014 年全国一半左右的地级市一年的 GDP。三是制度约束较强。制度约束是影响首都创新人才发展的重要因素。外地户籍人才是首都创新人才的重要组成部分，其占比为 56.4%。但是，近年来取得北京户籍的创新人才比例呈现下降趋势，“户籍鸿沟”已经影响了北京对外来创新人才的吸引。

同时我们提出了四项建议：一是人才即财富：重新界定创新人才，明确首都创新优势和潜力，以人才中心建设促进创新中心建设。二是知识即资本：加强教育、培训、健康多元投入，提升城市人力资本质量。三是城市即居民：动态考量创新人群需求，以需求促供给，改善城市创新环境。四是治理即服务：以人为本，提升治理能力，突破制度约束，通过“好的治理”实现“好的发展”。

一、研究思路

前文已经明确提出了本书认为的“创新人”含义。传统统计手段在研究“创新人”问题遇到的最大困难是数据难以获取，特别是涉及部分人群的动态数据。因此为了深入研究特征，我们必须尝试使用最新的大数据研究手段。考虑到大数据研究的技术难度，本书不得不将研究目标定位到“创新人”中的一部分群体：科技领域的创新人才。参照联合国教科文组织（UNESCO）和经合组织（OECD）的科技人力资源概念，同时结合大数据来源[①]和北京实际，我们把教育程度本科及以上，同时在科教文卫，生产制造和物流，信息、计算机和软件服务，金融业等四个北京主要现代服务业工作的人才界定为本书大数据研究的对象，同时通过“在北京移动网络中

① 数据来自于国内主要移动通信服务商。

的时间一年以上”这一条件来剔除流动性较强的人才。数据提取完毕后，通过大数据进行了正向和反向验证。详见图 2-1。

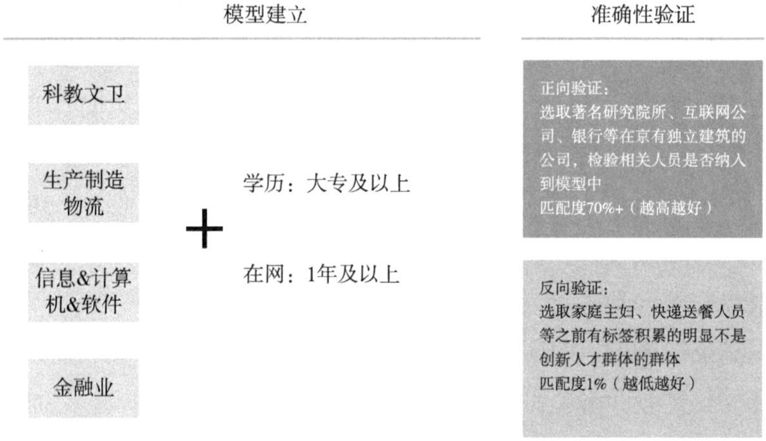

图 2-1　大数据分析模型

（一）技术路线

本书遵循“明确问题——确定方法——开展研究——发现问题——提出建议”的基本逻辑，分为四个部分，分别是战略与原理、首都“创新人”规模与特征、存在的问题及政策建议等。具体见图 2-2。

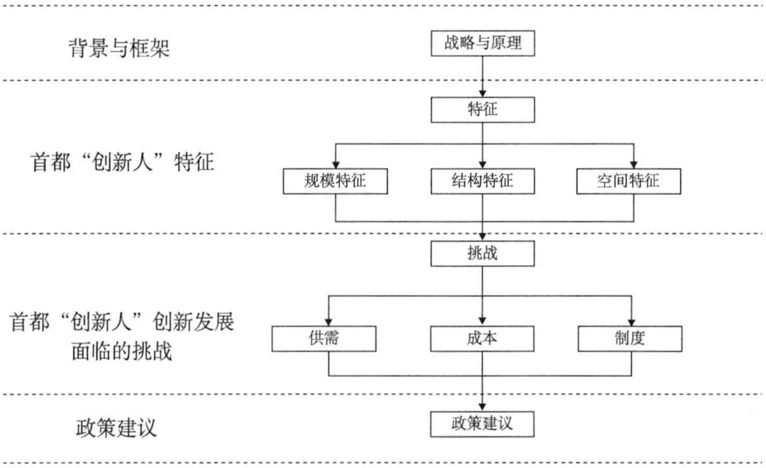

图 2-2　首都“创新人”大数据研究技术路线

（二）研究方法

综合应用大数据、数理统计、经济学和公共政策分析四种方法，其中大数据研究方法主要采用移动大数据，截取数据时间为 2016 年 10 月份。

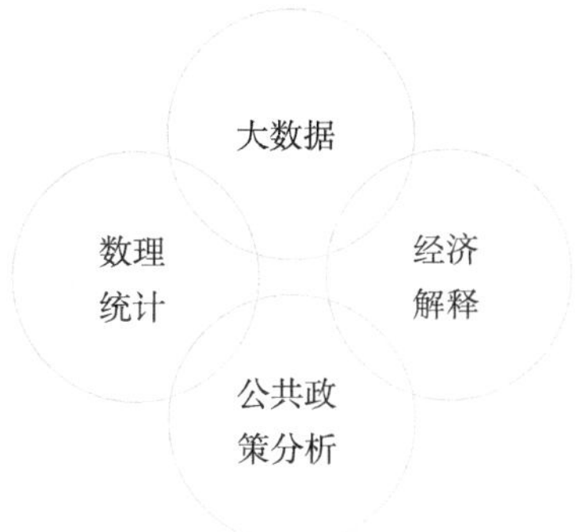

图 2-3　研究方法示意图

1. 大数据

目前，大数据尚无统一的定义。一些政府、企业、高校和科研机构分别从不同的角度，阐述了对大数据的理解。详见表 2-1。但是大数据的基本特征是比较清楚的，包括体量大、类型多、速度快和价值不定。大数据的重要作用主要体现在以下三方面：推动信息产业创新发展、促进宏观和微观经济增长、提高社会管理能力。

表 2-1 大数据不同概念

机构	角度 / 出发点	内容
Apache	网络搜索、数据量	大数据是指为更新网络搜索索引需要同时进行批量处理或分析的大量数据集
维基百科	数据库、处理能力	是那些无法在一定时间内使用常规数据库管理工具对其内容进行抓取、管理和处理的数据集
Gartner	处理能力	超出了常用硬件环境和软件工具在可接受的时间内为其用户收集、管理和处理数据的能力
麦肯锡	常规处理能力、数据量	大小超出了典型数据库软件工具收集、存储、管理和分析能力的数据集
亚马逊	处理能力	大数据是任何超过了一台计算机处理能力的数据量

续表

机构	角度 / 出发点	内容
美国白宫的“大数据开发计划”	数据挖掘	大数据开发也可指“从庞大而复杂的数字数据中发掘知识及现象后的本质
野村综合研究所	大数据特征和数据价值	广义的大数据“是一个综合性概念，它包括具备 3V 特征而难以进行管理的数据，对这些数据进行存储、处理、分析的技术，以及能够通过分析这些数据获得实用意义和观点的人才和组织”
美国白宫	数据源类型、处理能力	大数据集是“庞大的、多样化的、复杂的、纵深的和 / 或分布式的，它由各类仪器设备、传感器、网上交易、电子邮件、视频、点击流，以及现在与未来所有可以利用的其他数字化信号源产生”。大数据反映了那种不断增长的捕捉、聚合与处理数据的技术能力，而这个数据集在数量、速率与种类上持续扩大

本书中的移动大数据主要基于手机用户的特征和地理位置信息。与传统研究方法相比，移动大数据研究的优势在于：一是手机用户实名注册，相关信息较为准确；二是手机用户涵盖范围广，目前北京地区手机用户达3000多万人；三是移动通信提供的地理位置信息较为准确和全面；四是运营商数据可以实现实时采集实时计算，能够实现动态追踪研究。因此，使用移动大数据进行“创新人”的研究覆盖面更广，掌握信息更多更及时，相关信息更准确。

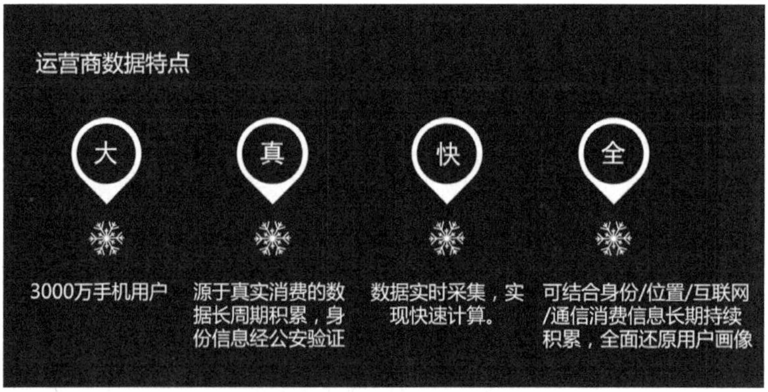

图 2–4　运营商数据特点

2. 数理统计

数理统计起源于人口统计、社会调查等各种描述性统计活动，经历长时间发展，已渗透到许多科学领域，应用到国民经济各个部门，成为科学研究不可缺少的工具。在通过移动大数据获取原始数据并进行初步处理后，我们利用数理统计方法进行进一步分析，从中获得研究人群的规模、年龄、性别等人口统计特征，以及空间特征，并试图发现变量之间的关系。

3. 经济学和公共政策分析

经济学分析方法是对经统计发现的经济社会现象，使用城市经济学，制度经济学，人口、资源和环境经济学等经济学理论和方法进行解释。最后，利用公共政策分析方法，提出了相应的政策建议。

二、首都“创新人”特征

（一）规模特征

北京市的创新人才数量在320.5万人左右，占北京市常住人口的14.8%。平均每7个北京人中就有1个“创新人”。

北京市创新人才规模是北京市研究与发展人员（R&D）的9倍多，是北京市“高层次”人才的400多倍（详见表2–2），规模超过硅谷所在地——旧金山湾区三大城市（旧金山、圣荷西和奥克兰）的总人口之和。

表2–2　北京市“创新人”与其他人才口径对比

口径	角度/出发点	规模
高层次人才	海聚人才、千人计划、院士、享受国务院特殊津贴	2015年底约7000人 （截至2015年底，全市共认定11批759名“海外人才聚集工程”人才，涌现出了一批由“海聚”人才创办的龙头企业。北京地区有700多名两院院士，“千人计划”学者1337人，享受国务院政府特殊津贴的专家近4000人。）
R&D人员	研究与发展	2015年约35.1万人
“创新人”	潜在科技创新人力资本	320.5万人

（二）结构特征

1. 性别结构：男女比例差距不大，女性能顶半边天

北京市“创新人”中男女性别比例57.7：42.3（见图2–5），男女比

例差距不明显，女性发挥着非常重要作用。同时，在年轻的首都创新人才中，女性所占比例越来越高（见表 2-3 和图 2-6），说明随着我国经济社会进步，首都女性的职业发展空间越来越广阔，首都女性在创新领域发挥的作用越来越大。同时也表明了北京在包容性发展方面的成绩。

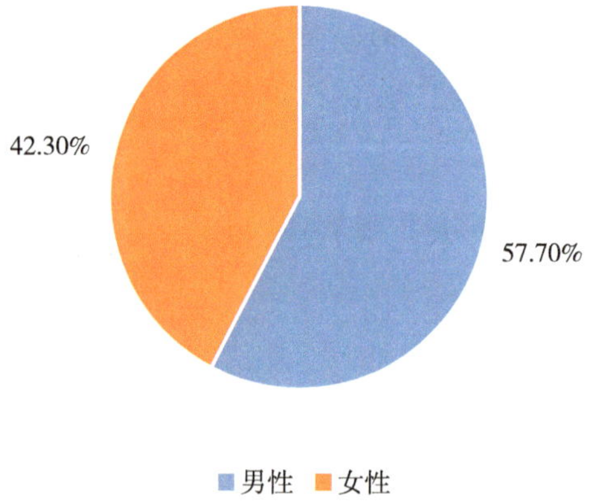

图 2-5　首都“创新人”性别比例

表 2-3　首都“创新人”不同年龄段性别比例

年龄区间	男性比例	女性比例
25–30	53.6%	46.4%
30–35	55.9%	44.1%
35–40	57.2%	42.8%
40–45	58.8%	41.2%
45–50	59.5%	40.5%
50–55	61.1%	38.9%
55–60	60.2%	39.8%
60–65	60.2%	39.8%
65–70	63.0%	37.0%
70+	65.8%	34.2%
合计	57.7%	42.3%

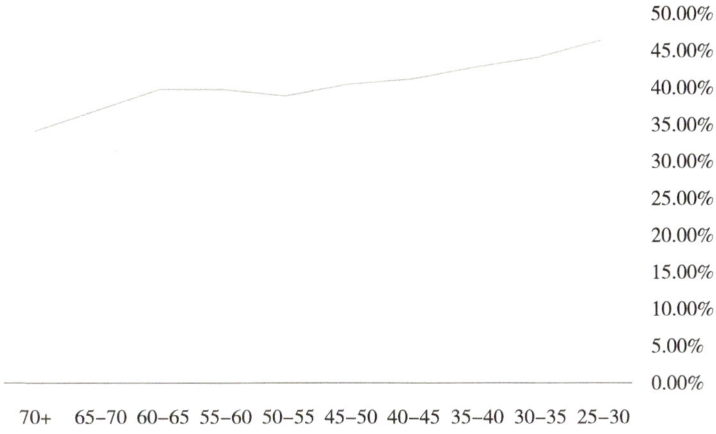

图 2–6　首都“创新人”不同年龄段性别比例

2. 年龄特征：青年为主

与北京市常住人口年龄构成（2015）相比，首都“创新人”年龄结构非常集中，以中青年为主。具体来看，25–40 岁之间的人数占比超过 50%，50 岁以下占比 77.7%，60 岁以上占比为 6%（详见图 2–7）。而北京市常住人口 25–40 岁之间的人数占比为 31%，50 岁以下占比为 70%，60 岁以上占比为 15%（详见图 2–8）。

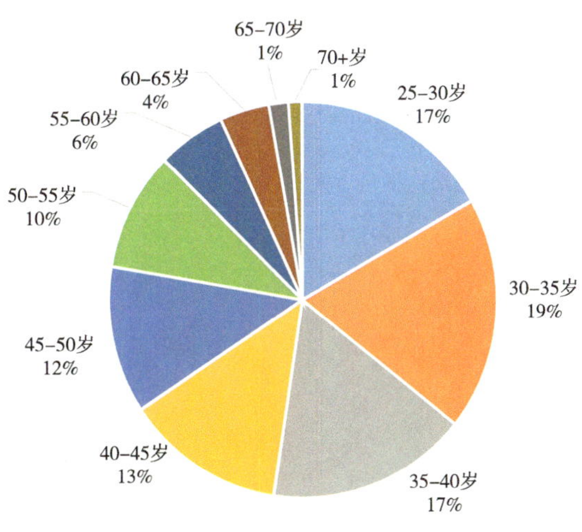

图 2–7　首都“创新人”不同年龄段比例图

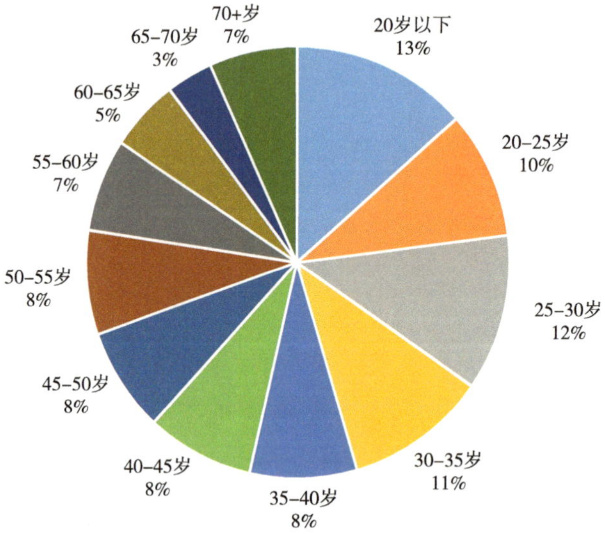

图 2-8　北京市常住人口不同年龄段比例图

（三）空间特征

1. 工作地集中特点明显

从地理分布热力图来看（见图 2-9 和图 2-10），首都“创新人”工作地在市中心和近郊（海淀、朝阳、东城、西城、丰台）集聚效应显著，居住地则相对分散，东城、西城等城区工作属性明显强于居住属性，昌平、通州等城区居住属性明显强于工作属性。

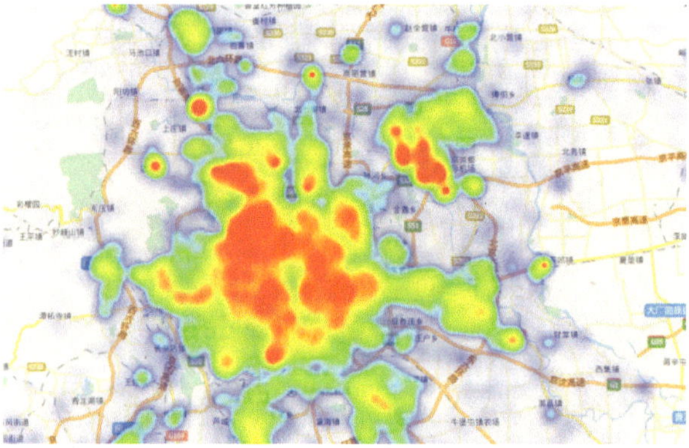

图 2-9　首都“创新人”工作空间分布图

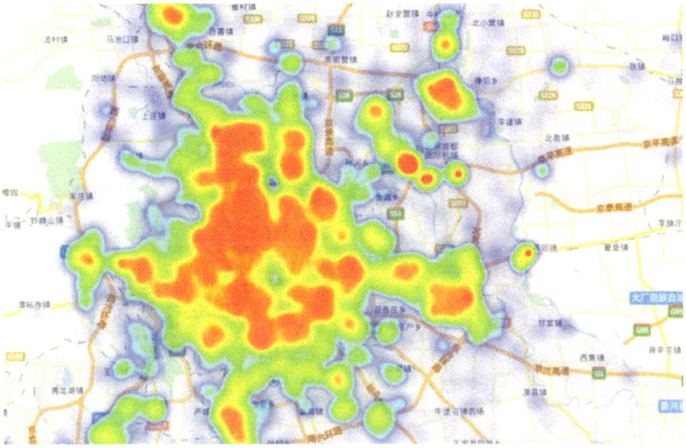

图 2–10　首都“创新人”居住空间分布图

从各个城区分布来看，工作主要集中在朝阳、海淀、丰台，三个城区的创新人才占全市的 44.1%。大兴、西城、顺义、通州、昌平、东城等六个城区所占比例在 5.5%–7.4% 之间（详见图 2–11）。

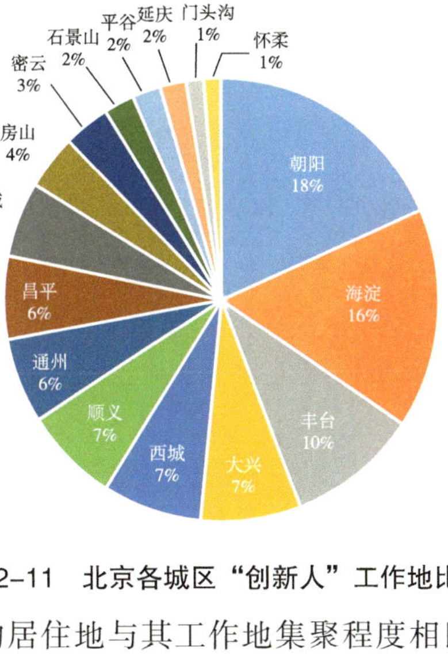

图 2–11　北京各城区“创新人”工作地比例

北京创新人才的居住地与其工作地集聚程度相比略低，但同样呈现一定的聚集特征，在朝阳、海淀、丰台和昌平居住的“创新人”占全市的 51%（详见图 2–12）。

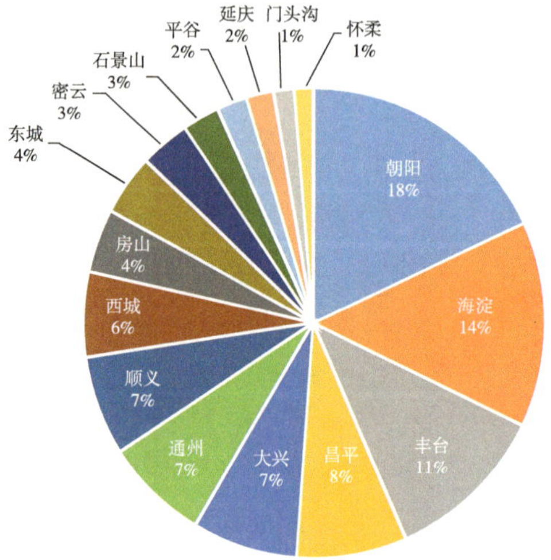

图 2-12 北京各城区"创新人"居住地比例

2."职住分离"现象严重

通过 320 万人的移动定位信息的大数据分析，我们发现：首都"创新人"群体"职住分离"现象较为严重，需要跨区通勤的人数为 83 万人，约占总数 25.9%，超过四分之一，详见表 2-4。

表 2-4 职住分离情况 （单位：万人）

城区	在此居住的首都"创新人"	需要跨区迁移的首都"创新人"
昌平	24.6	3.7
朝阳	57.8	16.1
大兴	23.9	6.7
东城	13.4	7.5
房山	14.0	1.9
丰台	36.2	9.5
海淀	45.2	15.3
怀柔	4.3	0.6
门头沟	4.7	0.6
密云	11.2	0.6
平谷	6.9	0.2
石景山	8.3	2.0

续表

城区	在此居住的首都“创新人”	需要跨区迁移的首都“创新人”
顺义	22.0	4.9
通州	23.2	3.0
西城	18.8	9.9
延庆	6.1	0.4
合计	320.5	83.0

在城区层面，我们分析了海淀和朝阳两个工作集聚地的创新人才上下班通勤情况：（1）工作在海淀的创新人才中，26% 居住在昌平，23% 居住在朝阳，15% 居住在丰台，见图 2–13。（2）工作在朝阳的创新人才中，20% 居住在海淀，15% 居住在丰台，14% 居住在通州，见图 2–14。

图 2–13　工作在海淀区的首都“创新人”通勤图

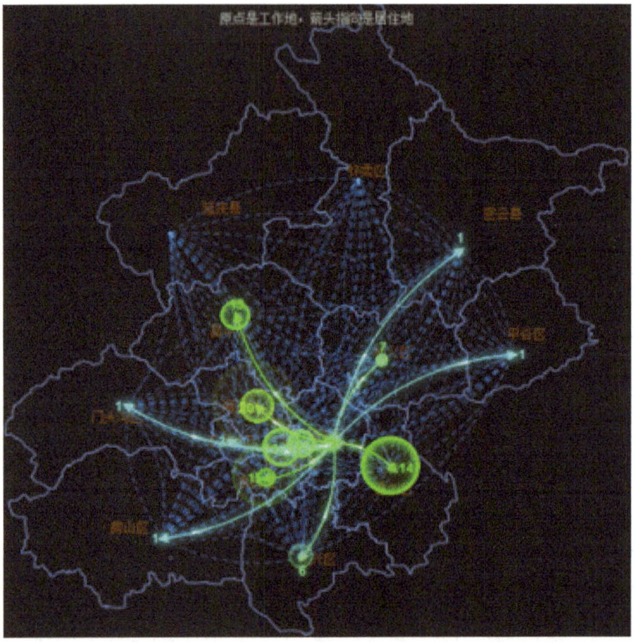

图 2–14　工作在朝阳的首都“创新人”通勤图

三、首都“创新人”面临的挑战

（一）供需矛盾突出

1. 创新发展阶段对人力资本增长要求高

建设有全球影响力的全国科技创新中心需要大量优秀人才。我们搜集并研究了美国东西两个创新中心城市——波士顿市和旧金山市的人力资本发展情况，发现两个特点：一是两个国际创新中心城市居民受教育程度都很高，2015 年波士顿市和旧金山市拥有本科及以上学历的人数占比分别高达 46.60% 和 55.20%[①]；二是自 2000 年以来，这一比例分别增长了 11% 和 10%，2000 年波士顿市居民拥有本科及以上学历的人数比例为 35.60%，而旧金山市则是 45.00%。

而 2015 年北京市常住人口中本科及以上学历人数占比为 22.61%，从

① 测算基于当前的首都“创新人”规模发展趋势，如对具体方法感兴趣，请联系课题组。

绝对量上来看，大幅落后波士顿市和旧金山市。如果以 2007–2015 年的平均增长速率推算，2000 年北京市常住人口中本科及以上学历人数占比仅为 14.81%，15 年间增长了 7.8%，增幅也落后于波士顿市和旧金山市。

2. 吸纳减缓和人口老龄化的挑战

从供给角度来看，首都“创新人”面临两个重要挑战：一个是近年来北京对外地人才的吸纳在减缓，另一个是由此带来的人口老龄化的挑战。

首先，从图 2–15 可以发现，首都“创新人”占北京市同年龄段常住人口比例一直在变化，35–40 年龄段达到顶峰，占比为 30.16%；随后一直在下降，30–35 年龄段占比为 26.18%，表明不同年代北京对外地人才的吸纳是不同的，近年来不断减缓。

这种现象也可以从北京市 R&D 人员全时当量和规模以上工业企业 R&D 人员全时当量的变化趋势中得到验证，详见图 2–16。2009 年北京市 R&D 人员全时当量增长不断放缓，2013—2015 年连续 3 年增长低于 3%。同时北京市规模以上工业企业 R&D 人员全时当量自 2013 年开始呈现下滑态势，2013 年为 5.80 万人年，2014 年为 5.78 万人年，2015 年为 5.08 万人年。北京对创新人才吸纳的减缓，既有在其他城市竞争背景下的吸引力被动下滑的原因，也有可能是北京市近年来控制城市规模、疏解首都功能的主动行动的结果。

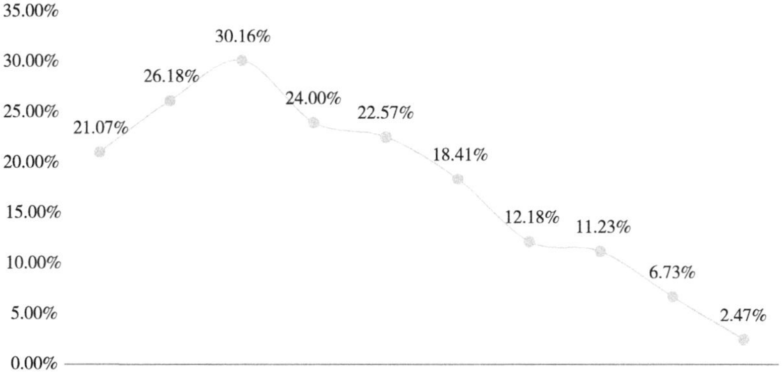

图 2–15 首都“创新人”占北京常住人口比例

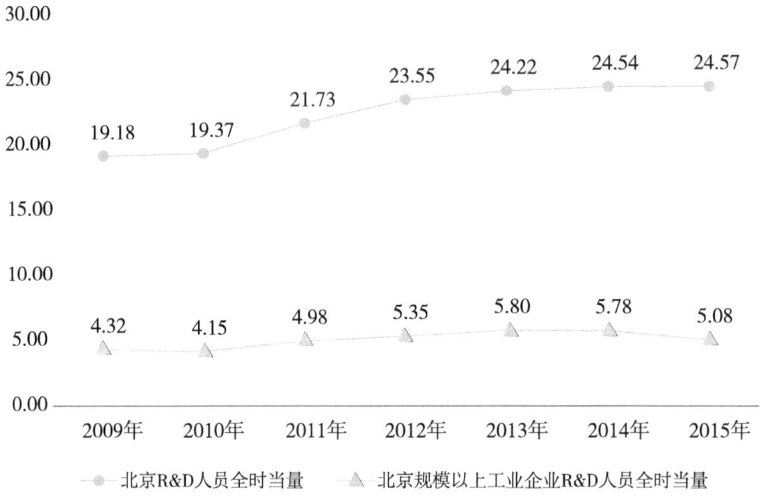

图 2-16　2009-2015 年北京市 R&D 人员、规模以上工业企业 R&D 人员全时当量（单位：万人，年）

第二，人口老龄化的潜在挑战。根据 1956 年联合国《人口老龄化及其社会经济后果》确定的划分标准，当一个国家或地区 65 岁及以上老年人口数量占总人口比例超过 7% 时，意味着这个国家或地区进入老龄化。1982 年维也纳老龄问题世界大会，确定 60 岁及以上老年人口占总人口比例超过 10%，意味着这个国家或地区进入严重老龄化。按照这一标准，首都“创新人”目前仍未进入老龄化，60 岁以上占比为 6%，但如果按照目前发展趋势，未来 5 年内，60 岁以上占比将为 11%[①]，进入严重老龄化阶段。

（二）创新成本较高

目前北京建设全国科技创新中心面临的一个重要问题是创新成本较高，而首都的创新人才是高成本的最终承受者。我们以交通成本一项为例进行研究。

从通勤时间来看，首都“创新人”单程平均通勤时间为 46.7 分钟，其中，23.3% 的人单程通勤时间在 60 分钟以上，14.3% 的人单程通勤时间在 80 分钟以上（详见图 2-17）。

① 测算基于当前的首都“创新人”规模发展趋势，如对具体方法感兴趣，请联系课题组。

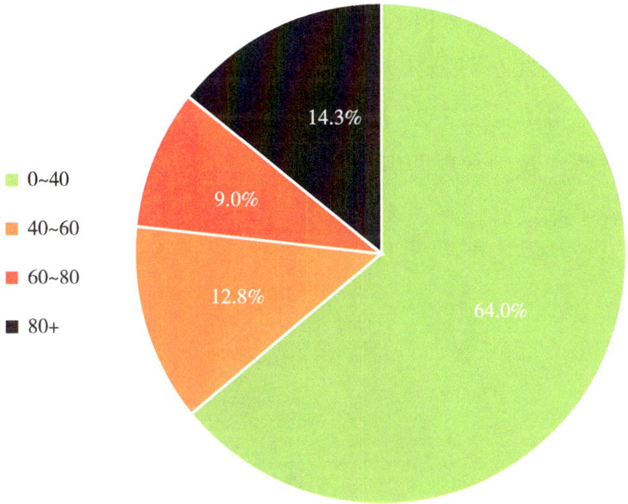

图 2–17　首都“创新人”通勤时间比例

在此基础上，我们测算首都“创新人”一年通勤时间造成的潜在损失约为 1300 亿元[①]，约占 2015 年北京市 GDP 总量的 5.8%，超过全国一半左右（144 个）地级市 2014 年的 GDP 总量，超过西藏自治区 2015 年 GDP 总量。

（三）制度约束较强

1. 外来人才是首都“创新人”的重要组成部分

首都“创新人”中外地非北京户籍的比例是 46.1%。如果加上取得北京户籍的人口（不完全统计）[②]，这一比例上升至 56.4%，详见图 2–18。

2. 户籍制度是影响首都创新的重要因素

由于户籍制度存在，尽管在劳动力市场上发挥了积极的作用，新进入的移民并没有完全享受本地居民的社会保护和公共服务（都阳，蔡昉，屈

① 测算方法：首先课题组根据数据库中首都“创新人”的话费消费行为建立了模型，并进行了与北京平均水平的估算，首都“创新人”话费支出约为北京市平均水平 2 倍。因此我们保守估算首都“创新人”的人均 GDP 大约为北京市人均 GDP 的两倍。参照 2015 年北京市人均 GDP10.6 万元的统计数据，首都“创新人”人均 GDP 一年约为 21.2 万元。以此为基础，结合通勤时间，计算得出每年通勤时间造成潜在经济损失。如需更详细信息，请联系课题组。

② 测算方法：对手机用户实名注册的身份证号码和住址信息进行比对。但是这一统计存在不完全性，因为北京市在 2000 年左右曾经换发过一次身份证，并将身份证号码从原籍地变更为北京。

小博，程杰，2014）。在城市之间创新人才竞争日益激烈的背景下，“户籍鸿沟”可能会影响北京对创新人才的吸引力。近年来取得户籍的创新人才比例呈现下滑趋势（见图 2-19），如果与图 2-15 首都“创新人”占北京常住人口比例对照，我们发现两者十分吻合，可以从一个方面说明：“户籍鸿沟”已经影响了北京对外来人才的吸引力。

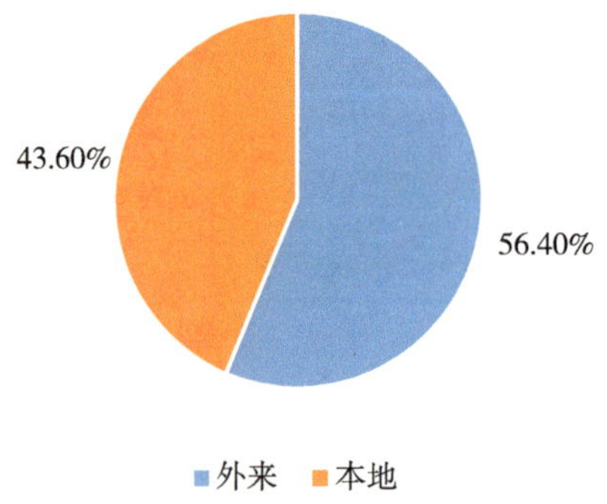

图 2-18　首都“创新人”户籍地比例

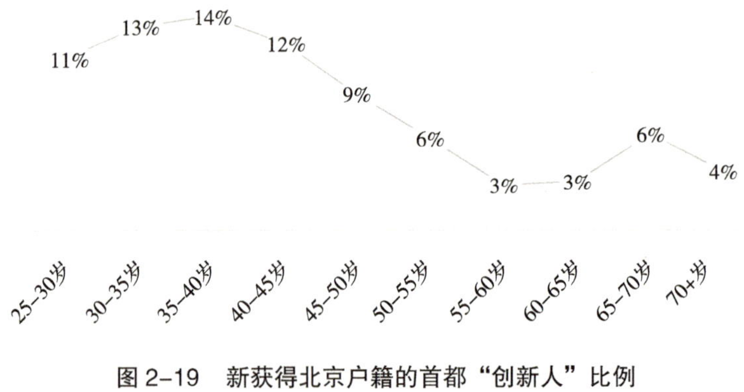

图 2-19　新获得北京户籍的首都“创新人”比例

四、政策建议

（一）人才即财富

“功以才成，业由才广。”人是创新活动的主体。实施创新驱动发展战略，一定要高度重视“人”对创新的重要性，努力培养人才、吸引人才、留住人才和用好人才，不断释放人的动力、能力和活力。

创新人才既应包括“海聚人才”“千人计划”、院士、享受国务院特殊津贴等高层次人才，科学研究与试验发展（R&D）人员，也应该包括首都“创新人”这种具备较好素质的多样化人才。否则，高层次人才和R&D人员就是无源之水。

从国际经验来看[①]，创新要成功也需要构建多样性的创新团队，需要不同类型、不同层次、不同文化背景的人才。北京建设全国科技创新中心，要有“大人才”的视野，高度重视和合理评估自身的人才优势，以人才中心建设创新中心。重视创新人才的培养和引进，增强创新人才储备，既要重视科技人才，也要重视市场、财务和行政等其他领域人才；既要引进贡献思想的顶级专家，也要吸引能实现落地的技术人才。不同类型不同层次的人才分工合作，各展所长，才能将创意、概念转化为新的商品和服务，才能实现首都创新发展。

（二）知识即资本

人力投资是“人”的资本而非“物”的资本，作为一种资本形式，不仅能够创造出自身价值，而且能够将潜在的资源化为现实的资源，将潜在

---

① 例如在工程领域，麻省理工学院实力很强，而临近的哈佛大学尽管也有许多工科领域的大师，但却始终无法达到相同水准。哈佛管理层有人总结认为关键原因是，哈佛大学仅仅引进工程领域的高端人物，但是缺少MIT那样完整的研究团队。因此，即使他们有新的想法，也缺少相关人才去实验，去开发形成实物。创新团队的构建同样需要兼顾不同的文化背景，因为创新来自于交流和碰撞。仍以硅谷为例，根据2015年硅谷指数，目前硅谷外来人口占比已经达到36.8%，远高于美国平均水平13.1%。相应的，当地种族结构也发生了较大的变化。20年前，硅谷白人人口的占比为54%，而到了2013年，白人则只占36%，亚裔、西裔分别占31%和26.5%，在硅谷，以三大种族为主、种族分布多元化的格局完全确立，文化背景多元化的趋势已完全显现。

的财富化为现实的财富，创造出比自身价值更大的价值，实现价值增值，具有显著的收益递增性，其效益远大于物质投资的效益。[①]未来城市发展，创新人力资本存量不可能是由一次性投资而形成，而必须进行不断投资，必须不断对“创新人”进行再教育和培训，建设终身教育体系，构筑学习型社会。

北京是全国文化中心，教育资源富足，应该利用好知识资源优势，为首都“创新人”提供多种教育、培训机会，使他们变得更加有能力、有创造力、有技能和有效率。一是鼓励支持正规的教育体系进行有层次有系统的培养开发；二是鼓励支持用人单位或人才资源开发机构，适时地进行实用性、短期性的技能开发；三是建设各类开放的继续教育网络，进行更新知识及技能，适应未来需要的后续开发。[②]

（三）城市即居民

对于城市而言，居民也是一种富有创造性的资源，这种创造性是社会必须加以开发的财富。城市即居民，应让基础设施为人的创造性活动服务，而不能让人的创造性活动为基础设施服务。

现阶段，北京正处在城市快速发展期，城市规模的急剧发展变化不可避免地对城市短期发展造成一定的压力。但应该看到，城市规模的扩张特

---

① Becker，Gary，and Casey Mulligan.1997. “The Endogenous Determination of Time Preference.” Quarterly Journal of Economics.3：729–758.

② 美国创新中心城市波士顿的发展就是一个典型案例。纵观波士顿的发展历程，可以发现波士顿在17世纪中叶到21世纪初期间经历3次大的发展危机，但都因为其雄厚的人力资源优势转危为安，化危机为机遇。从18世纪后半叶开始，随着内陆地区河运和东海岸地区海运的贯通，波士顿的海上竞争力逐渐落后于纽约和费城。19世纪末期，波士顿凭借长期积累的海事和渔业人力资源，再次成为全球货运和航运中心，加上同时期不断涌入的欧洲移民和本地资本的发展，逐步成长为一个工业城市，从而带动新英格兰地区成为美国工业革命的发源地。20世纪20年代开始，由于工业设备的老化、阳光地带的崛起、汽车等交通工具的发展加上过重的监管和税务负担，波士顿地区经历了半个世纪的停滞和衰退期。直到20世纪80年代，波士顿再次因高等教育人才与机构的集聚，实施最新一轮的转型，并成功成为美国金融、教育及高科技中心城市之一。哈佛大学教授爱德华·格雷泽认为，波士顿之所以能够不断地进行自我再造，关键在于它的人力资源优势。这种人力资源优势很大程度上得益于分别是波士顿地区高校众多，较为著名的有：哈佛大学、麻省理工学院、东北大学、塔夫茨大学、波士顿学院、波士顿大学、布兰德斯大学和马萨诸塞大学波士顿分校。“八校”在构建波士顿地区的人力资本方面做出了重要贡献。

别是“创新人”群体规模的增大，其带来的还有巨大的市场潜力。我们不能因为需求旺盛而限制供给，而应该利用需求引导供给，通过创新增加供给。比如在工作地提供数量较多、生活配套良好、管理完善、租金优惠的人才公寓，解决“职住分离”问题。例如上海黄浦区在外滩等金融中心区域建设了1000多套金融人才公寓，松江区规划5年内在“G60科创走廊”配套建设10万平方米人才公寓。广东省珠海市金湾区配套的人才公寓前三年租金仅为市场平均价的20%。

同时，科技手段应发挥更大作用。北京应该广泛利用包括大数据技术、物联网技术等在内的多种先进技术，对包括人、财、物、事等在内的庞大而复杂的社会管理信息需求进行搜集、分析，动态考量创新人群需求，发展公共交通，推动产业结构均衡布局，利用大数据开展电子治理，甚至针对个性化需求设计行为决策，为城市发展提供创新解决方案。

（四）治理即服务

治理本质就是服务，关键要有服务意识，要突破包括户籍制度在内的多种制度约束，充分认识外来人口对于北京的重要作用。实际上，不仅是“创新人”群体，还是农民工等普通移民，大量研究已经证实：外来人口的流入不是城市的负担，而是城市经济繁荣的主要源泉。[①]

未来，北京应将疏解功能与完善治理结合起来，以服务创新人才发展为核心，立足长远发展，完善治理机制，在当下与未来之间做出公平合理的权衡取舍，消弭“户籍鸿沟”，推进“福利均等”，建设包容性社会，使每个人都可以公平便利的获得基本的教育、健康、医疗和社会保障等权利，普惠性的增进居民福利，增加不同利益主体对城市发展目标和理念的共识和认同感，以“好的治理”实现“好的发展”。

---

① 爱德华·格莱泽：《城市的胜利：城市如何让我们变得更加富有、智慧、绿色、健康和幸福》，上海社会科学院出版社2012年版。

第三篇　国际城市经验

本书的特色之一就在于从城市的视角出发探讨“创新人”的问题。实际上，城市、创新和人之间本就相辅相成，城市创新的核心在于人本身，人是城市创新奇迹的源头所在。而我们想要探究的就是人在城市中进行创新的行为，以及服务于创新人群的环境。本篇总结了波士顿、纽约、伦敦、斯德哥尔摩、新加坡、首尔、奥克兰和特拉维夫等国际主要创新城市的经验，总结了其对中国城市创新发展的启示。其中波士顿案例介绍了波士顿海港区基于人的全面需求而打造一个提供综合服务能力的混合式创新社区的经验；纽约案例重点解析了人本导向的纽约新一代城市规划，以及如何激发“创新人”的能力、动力、活力和承载力；伦敦案例强调产业、文化和资本如何与人力资本互相融合补充，将东伦敦转变为创新之城；斯德哥尔摩案例侧重从社会价值观角度剖析瑞典首都创新的基因；新加坡案例聚焦于智慧交通如何改善生活环境；与纽约案例类似，首尔案例也从规划角度解析城市如何鼓励市民参与进而促进创新发展；奥克兰案例视角较为独特，观察了如何打造包容创新之都的实践；特拉维夫案例则研究了以色列中小企业的创新情况。

一、波士顿：构建“米克斯式”创新社区

位于新英格兰的波士顿南部海港区历史上曾是美国重要的制造业基地，借助美国工业革命的东风一度蓬勃发展，但20世纪中期开始的美国制造业基地转移让海港区乃至整个波士顿陷入持续的衰退。

尽管区位劣势让波士顿在航空制造业与金融业的发展中不敌芝加哥、亚特兰大和纽约，但21世纪伊始，波士顿另辟蹊径，为自己打造了“创意之城（City of Ideas）”这张城市竞争力的王牌。这里创造着影响美国和世界的思想与知识，更吸引、聚集着生产这些思想和知识的顶尖人才。

2016 年，著名媒体彭博社将波士顿所在的马萨诸塞州列为全美创新能力最强的州①，同年，美国商会基金会（U.S. Chamber of Commerce）更是把波士顿列为全美第一的创新实验室（Innovation Hub）②。2017 年，在澳洲智库 2thinknow 公布的全球创新城市榜单中，波士顿位列全球第五，全美第三，仅次于纽约和旧金山。海港区也通过以“创新区战略”（Innovation District Strategy）为引领的机制设计实现了转型，成了创新中心。

图 3-1　波士顿

（一）波士顿创新区起源

波士顿创新区（Innovation District）又称为海港创新区（Seaport Innovation District），是美国第一个官方成立的创新区。它位于美国马萨诸塞州大波士顿区波士顿市南岸滨海半岛上，介于洛根国际机场（Boston Logan International Airport）和海运码头（Boston Harbour）之间，区域面积约为 4 平方公里。

海港区于 19 世纪初并入波士顿市，工业革命时期聚集了波士顿制造业工厂而一度蓬勃发展。从 20 世纪 50 年代开始，传统制造业逐渐迁往南部等低成本地区，波士顿进入衰退期，海港区首当其冲，2008 年发生的全球金融危机更是雪上加霜，使得南波士顿的发展停滞不前。

进入 21 世纪初，受困于相对封闭的交通体系以及产业转型问题，海

① http：//www.bostonmagazine.com/news/blog/2016/01/12/massachusetts-innovation-economy/

② https：//www.bizjournals.com/boston/blog/startups/2016/05/boston-is-ranked-no-1-startup-hub-in-the-u-s.html

港区发展缓慢，废弃的厂房和空旷的砂石地成为一些艺术家驻足和留恋之地。然而在2010年，时任波士顿市长曼尼诺（Menino）的一项举措彻底改变了该区域的发展轨迹。他启动了“创新区战略”（Innovation District Strategy），将该地区重新命名为创新功能区并着手开发，旨在继续加强波士顿地区的创新创业优势，为处在产业最前沿的初创公司提供研发、办公和生产场所，多样化居住设施，同时建设大量方便人们社交和沟通的公共空间和公共设施，吸引大批餐饮、娱乐机构入驻，从而打造一个集创业工作、居家生活和休闲娱乐为一体的多功能城市社区。

据美国国家城市联盟统计（National League of Cities），从2010年计划实施至2013年，海港创新区已经创造了超过5000个就业岗位，并吸引了200多家初创公司进驻，除了成长于斯的世界级孵化器Mass Challenge外，包括著名生物科技公司Vertex、美国通用电气（GE），会员制租车公司Zipcar在内的业界巨擘也纷纷将总部安在海港创新区，使得波士顿俨然成为“未来之城”。

图3-2　波士顿海港区

（二）波士顿创新区特点

波士顿创新区是名副其实的米克斯（Mix）社区，该类型社区的最大特点是混合多元。总体来看，波士顿社区的多样性体现在三个层面：产业的混合、功能的混合以及角色的混合。而这三个层次的混合是波士顿创新区蓬勃发展的根源，也是波士顿创新模式的体现，更是海港区续写未来创新篇章的支撑。

1. 产业的混合

2010 年创新区项目启动时，时任波士顿市长曼尼诺对波士顿的产业发展定下了基调，决意要把海港区建立成多业并进的“创新实验室”。该实验室的主旨思想是通过培育多产业的创新人才集群，鼓励创意阶层的技术、知识共享，从而加快创新的步伐。

因此，波士顿政府对入驻的企业给予充分的政策优惠。2010 年，由 MIT 校友建立的初创非营利性创业加速器 Mass Challenge 正在考虑从麻省理工学院旁的剑桥创新中心搬出，并寻找一个长期的工作居所。曼尼诺团队此时果断出击，向 Mass Challenge 主席 Akhil Nigam 表达了创新区的发展蓝图，并成功说服创新区内的著名地产开发商 JoeFallon 为 Mass Challenge 提供一年的免费办公室使用权。而 Mass Challenge 也不负众望，迅速成长。现在，该企业已经将总部迁移到占地约 24000 平方米的创新与设计大厦（Innovation and Design Building）。从 2009 年成立至今，Mass Challenge 已成功募资 20 多亿美元，创造了超过 9 亿的利润，成为全球最大的创业加速器①。同时，波士顿市政府还通过减税措施让世界级药企 Vertex 以及业界巨擘通用电气（General Electric Company）成功入驻创新区，其中，Vertex 在搬迁过程中节省了 1200 万美元的地产税，而通用电气公司则因搬迁总部享受到了近 1 亿 5000 万美元的税收优惠②。在优惠政策的引导下，2010 年至今，已有超过 200 家企业进驻创新区，涵盖了包括孵化器、金融服务、生物医药、风险投资、互联网在内的众多产业，而以创业闻名的百森学院

① http：//boston.masschallenge.org/

② http：//www.cityofchicago.org/content/dam/city/depts/dcd/supp_info/industrial/innovation_district_case_studies.pdf

（Babson College）也在创新区建立校区，教授研究生课程，并在此举办活动[①]。

同时，波士顿政府还以供给公共服务为抓手，通过完善基础设施配置为“创新实验室”创造实体空间。政府推动了位于海区的区域大厅（District Hall）的修建，该大厅占地超过1000平方米，是世界上第一个免费的公共创新中心，由公共大厅与若干会议厅及咖啡厅、餐厅组成。区域大厅的公共性与开放性使其成了波士顿创新区乃至整个大波士顿地区创新人才的聚会中心，吸引波士顿地区各个产业的杰出人才交流、分享。因此，该大厅也被看作是波士顿创新区的“会客厅”。据统计，2015年，大厅举办了超过870场活动，吸引了超过37000人来参加，占比超过波士顿总人口的5%，俨然成为创新区的核心。其中，49%的活动内容涉及多产业协作。此外，区域大厅也效仿波士顿剑桥市肯达尔广场，在周四晚上举办“咖啡之夜”（Café Night），邀请各界创新人才汇聚一堂，分享创业、工作心得，并别出心裁地推出了“答疑时间”，邀请业界大咖就投融资、商业发展、运营、市场营销以及最前沿科技应用等问题对创新人才进行全方位免费指导[②]。

在多产业协同发展的理念指导下，波士顿已由原先的生物医药中心演化成为全面发展的科技创新之都。2016年第一季度，马萨诸塞州约有超过130万人从事科学、技术、工程和数学相关工作，排名全美第一，此外，麻省的人均科技职位拥有量以及高科技类职位集中度也独占全美鳌头[③]。2017年，财经网站wallethub显示，在全美从事科学、技术、工程和数学工作最佳地点排名中，波士顿地区凭借其充足的科技产业职位储备及优秀科创企业的集聚效应，名列第四，仅次于西雅图与湾区两个城市群。而创新实验室的搭建也加快了创新的效率，让波士顿的初创企业大受裨益。根据美国INC网站统计，在全美5000家高速成长的初创企业中，波士顿独占

① http：//entrepreneurship.babson.edu/boston-rising-uncovering-the-hubs-entrepreneurial-ecosystem/

② http：//districthallboston.org/wp-content/uploads/2017/04/Impact-Report-2016.pdf

③ http：//masstech.org/sites/mtc/files/documents/Innovation_Overview/Massachusetts%20STEM%20Talent%20Pool%20Pitch%20Deck.pdf

189 家，其中 12 家在 2012 年收入超过 1 亿美元[①]。

2. 功能的混合

波士顿创新区不仅仅是创新人才工作的产业园区，还是创意阶层生活、社交的全天候社区（24-hour Neighborhood）。海港区创立伊始，时任市长曼尼诺便为创新区确立了“工作、生活、娱乐”（Work，Live，Play）为主题的发展模式，旨在在区域内满足他们衣食住行各方面需求，重塑海港社区以增强归属感，从而留住区域的创新阶层。

同时，波士顿市政府也从生活问题上入手，着重居住设施的开发，打造名副其实的海港区社区。时任市长曼尼诺考虑到波士顿创新人才的主体是占城市总人口数 35% 的 20–34 岁的年轻人，在海港区推行“三分之一人才计划”（ONE in 3），开发名为“创新单元”（Innovation Unit）的微小户型住房，并以低价租给这些青年企业家和科技人员。为了让波士顿的人才享受到物超所值的廉价住房，曼尼诺更是经法定程序修改了居室住房的标准。因为市政府规定波士顿市最小公寓单元的面积不得小于 450 平方英尺（约 50 平方米），而经测算只含厨房、洗手间和卧室的微型套房，若套内面积为 350 平方英尺（约 42 平方米），租金就会被控制在每月 1500 美元内。2012 年，波士顿再发展署（现在的波士顿计划与发展署）通过了在海港区开发 12000 套住宅单元的提案，在这些住宅中，有 15% 是专门为创新人才量身定制的，面积在 300 到 450 平方英尺区间的创新单元。

同时，海港区的文化娱乐设施也一应俱全。2004 年，50 万平方英尺的波士顿会展中心（Boston Convention and Exhibition Center）投入运营，成为波士顿国际交流主要承接单位，在 2013 年，该中心接待了 80 万访客，人数超过波士顿市人口总数，并创造了 6 亿美元的收入。而波士顿现代美术馆也于 2006 年开张，目前年均接待访客 20 万人次。文娱行业的发展也助推了餐饮业的兴起，目前，海港区已有近 60 家餐厅酒吧，风味各异，为人的生活提供了多样性的选择。此外，数据也能体现出服务业在海港区的蓬勃发展，从表 3-1 可以看出，2011 年至 2014 年，就业增长率最高的产业

---

① http://www.abell.org/sites/default/files/publications/CD-BaltoBostonEntreEcosys813.pdf

分别是艺术与娱乐业以及餐饮酒店业，分别达到了130.8%和39.7%。而餐饮酒店业也在这三年间超越金融保险业，成为创新区拥有第二多劳动力的产业。

表3-1 海港区就业情况分析图：2014年与2011年对比[①]

工作类别	2014年数量	2014年占比	2011年数量	2011年占比	变化幅度
信息	2456	7.2%	2731	9.0%	-10.1%
交通与物流	832	2.4%	730	2.4%	14.0%
行政支持&废弃物处理	2047	6.0%	2241	7.4%	-8.7%
制造业	3060	8.9%	3031	10.0%	1.0%
批发贸易	1828	5.3%	1576	5.2%	16.0%
专业、科学与技术服务	9915	28.9%	7003	23.0%	41.6%
建筑业	823	2.4%	727	2.4%	13.2%
公司与企业管理	678	2.0%	619	2.0%	9.5%
公用事业	0	0.0%	0	0.0%	0.0%
卫生保健与社会公益	1001	2.9%	824	2.7%	21.5%
教育业	391	1.1%	519	1.7%	-24.7%
房地产、租赁	1225	3.6%	927	3.0%	32.1%
金融与保险	3634	10.6%	4214	13.8%	-13.8%
公共行政	123	0.4%	798	2.6%	-84.6%
零售业	894	2.6%	754	2.5%	18.6%
住宿与餐饮	4163	12.1%	2981	9.8%	39.7%
艺术、娱乐	270	0.8%	117	0.4%	130.8%
其他服务	981	2.9%	652	2.1%	50.5%
总数	34321	100.0%	30444	100.0%	12.7%

（资料来源：www.cityofchicago.org）

3. 角色的混合

在创新区的发展中，政府、社会组织与企业角色的界限也逐渐模糊，三方紧密配合，多元参与城市的决策、建设，建立了一个包容性、互惠性

① https：//www.cityofchicago.org/content/dam/city/depts/dcd/supp_info/industrial/innovation_district_case_studies.pdf

城市运营管理机制。

2013 年于海港区投入运营的波士顿“区域大厅”（District Hall）完美体现了波士顿的治理机制。建立该大厅的设想由波士顿市政府提出，而市政府与波士顿再发展署说服波士顿环球投资集团（Boston Global Investors）将大厅的建设纳入其对海港区的土地开发的方案中，而后，摩根士丹利（Morgan Stanley）投资银行也为大厅的修建提供了资金支持，而大厅的运营则交付剑桥创新中心（Cambridge Innovation Center）的姊妹组织 Venture Café Foundation。

大厅开业后，政府通过提案，免去“区域大厅”里除赢利性餐厅 Gather 之外的所有入驻机构的地税，作为交换，大厅运营商 Venture Café Foundation 需要为公众提供免费的工作、交流空间，为波士顿的创新人才提供包括能长久使用的场地、无线网络等在内的廉价创业资源。据统计，2016 年，Venture Café Foundation 为在区域大厅举办的大型活动提供不到四折的场租优惠，创意阶层因此节约了 100 万美元的租金①。另外，因 Venture Café Foundation 承担了区域大厅租客流动率大带来的效益不稳定风险，大厅的金主波士顿环球投资集团同意该方案的实施。最后，区域大厅的大部分收益所得又被 Venture Café Foundation 捐献给波士顿当地初创企业团体，以支持人才的发展②。

在区域大厅从建设到运营的过程中，政府、社会组织与企业共同扮演着城市发展决策者、运营者的角色，并在此基础上发挥自己的优势，互利共赢。就波士顿市政府而言，区域大厅帮助其实现了“创新实验室”实体化的设想，并且在此过程中政府没有动用资金，大大减轻了其财政负担。同时，市政府全力发挥自己整合资源的优势，成功依靠各方社会力量完成了区域大厅的规划与运营。同时，波士顿环球投资集团发挥企业的优势，为项目的实施提供了资金与场地支持，并获得了稳定的收益。而社会组织 Venture Café Foundation 作为大厅的运营单位，通过平台为波士顿的创意阶层提供公共物品，同时，Venture Café Foundation 也影响着大厅发展的轨

---

① http：//districthallboston.org/wp-content/uploads/2017/04/Impact-Report-2016.pdf

② http：//intersector.com/wp-content/uploads/2015/10/The-Development-of-Bostons-Innovation-District.pdf

迹，并得到了实践自己公益理念的机会。

（三）启示与建议

1. 以人为本，打造多功能产业园区，解决衣食住行问题

南非未来学家迈克尔·李认为，21 世纪最重要的资源是人力资源，纵观世界名列前茅的创新城市，如伦敦、东京、纽约、旧金山等，无一不是依托着强大的人力资源而发展起来的。由此可见，创新人才是城市发展的源泉，而人更好的生活也是创新城市的最终目的。

波士顿创新区的发展正是充分发扬了以人为本的理念。前任波士顿市长曼尼诺有句经典名言：不要在后悔时才考虑到人们下班休闲需求的重要性（Don't treat after work needs as an after thought）。波士顿市政府从创新人才的工作生活需求出发，完善城区基础设施，丰富创新区的功能，创造廉价而便捷的工作、社交、居住空间，把新区打造成为工作、娱乐、居住三位一体的多功能社区，从而成功将这个群体留在该区域。

而目前，中国部分城市在发展过程中，出现了严重的职住分离的现象，例如，在北京，由于通勤原因每年给城市造成的潜在损失达到 1300 亿元，而长期的职住分离会严重降低人才对产业园区、乃至于城市的归属感，最终导致创意阶层的流失。波士顿案例中完善产业园区功能的做法则为中国城市的职住分离提供了新的解决方案。中国城市的发展要充分考虑到在区域工作的创新人才的生活需求，丰富完善产业园区的居住、娱乐功能，通过提供廉价租房、加强对餐饮服务业的引进为创新活动者提供更好的社会服务，并实现创新空间从“园区”向“社区”的转变，增强创新阶层的归属感，从而达到将人才留在区域内的目的。

2. 注重多产业间的交流合作，增强创新效率

波士顿创新区的另一大亮点是其多业并进的发展理念。海港区“创新实验室”的设想是多产业在物理空间上的集聚可以加速各个产业的创新发展，促进波士顿产业全面发展。作为实验室的实体化体现波士顿区域大厅则提供了产业间要素“碰撞”产生的“火花”，并形成创新网络，加速创新速率的发展范式。在实验室理念的驱动下，波士顿从全美生物医药中

心蜕变为科技、技术、工程、数学全面领先的世界创新之都，成了精通“十八般武艺”的“全能城市”。

波士顿多业并进的理念对于中国的产业园区发展有着重要借鉴意义，相当的研究证据显示，尽管在经过政府刻意规划的区域性创新中心如科技园区内集聚了高端创新要素，但要素间的互动程度低，多数区内企业间创新互动少，企业间合作与互动性学习的创新网络并未形成，大大降低了创新的效率，也不利于产业的均衡、全面发展。在建设产业园区时，中国城市可以效仿波士顿的做法，在对重点产业进行培育的同时，也要鼓励其他产业共同发展，摒弃功能分区的观念，树立融合、沟通、合作的发展理念，强调产业的全面发展。同时，城市也可以从基础设施入手，为创新人的跨界交流创造公共空间，并构建以政府为引导的创新人交流机制，加快创新发展的速率。

3. 多元参与，实现从管理向治理转变

波士顿创新区的发展为政府在创新经济中的治理模式树立了榜样，在波士顿创新区的中心“区域大厅”建造与运行过程中，政府、企业与社会组织三方共同参与了项目的规划、决策以及后期运营，形成了一套互利共赢的互动机制，促进了创新区的平稳、包容发展。

十八届三中全会上，首次提出了“国家治理体系”和“治理能力现代化”的概念，强调党和政府的领导与多元主体参与公共事务决策的统一，突出了多元的参与主体，以及包容、互动的参与形式。建设创新型国家，需要企业与社会组织的深度参与，并建立一套以政府为指导，企业与社会组织为主体的治理机制。总的来说，就是坚持政府调控市场、市场引导企业的逻辑，发挥市场在配置经济资源中的决定性作用，同时，也要大力培育、规范社会组织，并发挥社会组织在配置社会资源中的决定性作用。

二、纽约：规划视角下的城市创新与“创新人”

城市是为人类发展服务的综合栖息地，城市创新的本质是城市人的创新。然而，相当长的时间内，在唯 GDP 至上的增长模式下，中国城市的发展往往注重“物的积累”而非“人的活力”，注重“量”的扩张而非“质”的提升，导致城市“重物轻人”“有形无神”。当前，中国人口城市化率已经过半，正式进入“城市社会”。如何进一步发挥人的作用，通过创新推动城市发展，是我们亟待解决的重要问题。他山之石，可以攻玉。纽约在城市发展中，明确人本导向，立足“创新人”的需求，创新规划理念和行动，营造城市创新生态，不仅为自身城市创新发展提供了良好的基础和保障，也为中国城市创新发展提供了借鉴与经验。

图 3-3　纽约

（一）纽约的创新、人才与规划

纽约市（City of New York，简称 NYC），位于美国纽约州东南部大西洋沿岸，1624 年建城，是美国第一大城市及第一大港，也是全球重要的经济、金融、艺术、传媒、商业、贸易、文化娱乐中心。自 2008 年全球金融危机以来，纽约逐步实现城市战略转型，从高度依赖华尔街向依靠科技创新转变，积极建设“全球科技创新领袖城市”，并取得了良好效果。2017 年，美国知名智库布鲁金斯学会所发布的研究报告《大城市中的科技：强者愈强》（Tech in metros：The strong are getting stronger），对美国百余座大城市的高科技产业，特别是对软件、数据处理和主机托管、计算机系统设计、网络搜索四个关键数字化服务产业发展进行数据分析后发现，高科技就业岗位在美国全面增长，但各个城市所占份额并不平衡，这些新岗位主要集中在少数大城市。其中，2013—2015 年，纽约高科技就业岗位增长率达 6.1%，在美国城市中名列前茅。同时，从城市产业特征上看，纽约高科技产业不仅体现为与电脑系统、数据处理、软件研发、通信设备、互联网等相关的新技术的设计、制造、研发、维护等产业，其也体现为科技与纽约的传统支柱型行业高度融合，包括金融、医疗、公关、广告、媒体、艺术、娱乐、旅游业等在内的纽约传统优势产业，都在全面科技化与互联网化，并不断催生新兴业态发展。

人才是纽约持续保持活力的最根本要素。具有良好创新生态的城市蕴涵了创新人才对高质量城市生活方式的向往与希望。纽约的城市创新生态就具有这样独特的人才吸引力。纽约是美国人口最多的城市，也是多族裔聚居的多元化城市，拥有来自 100 多个国家和地区的移民，在此使用的语言达到 800 种，这些人口来自不同的文化背景，共同构成了纽约城市“创新人”群体，形成了多样化的结构和文化。同时，纽约城市交通便捷，公共生活丰富多彩，不断孕育出反抗者、创新者和自由思想家，整体城市的气氛倡导努力工作、愉快生活玩乐、崇尚人与人交流，鼓励思想碰撞与沟通，容易激发创意并鼓励创新。这也让纽约的创新更加具有“纽约特色”，成为“创新人”集聚、生活、工作的理想之地。

纽约城市创新的竞争力与其适合创新人才发展的城市创新生态高度相关，而这种创新生态的营造则离不开纽约城市规划的影响。一直以来，纽约的城市规划与管理始终坚持人本导向，注重保持城市对自由的追求、对多元的包容、对活力的崇仰，同时更能够与时俱进，积极、主动、前瞻性的研判城市发展的机遇挑战，从城市基础设施、教育科技、社会文化等全方位营造城市创新生态。从历史上看，纽约城市规划可以追溯至 19 世纪。早在 1898 年，美国首届城市规划大会在纽约举行，就围绕城市规划是结构设计更重要还是要使市民生活更为便捷，展开了激烈的讨论。近年来，与世界很多超大城市一样，在取得辉煌城市建设成就的同时，纽约也出现了人口急剧增长、交通拥堵、空气恶化、分配不公等一系列“城市病”问题，面临着城市转型升级、重塑城市竞争力的挑战，这也给城市规划提出了更高的要求。

纽约城市规划在破解难题、保持生机方面做出积极探索。2007 年，纽约出台了《纽约城市规划 2030：一个更加绿色、更加伟大的纽约》，规划分析了纽约城市当前发展面临的三大挑战：人口增长、基础设施老化、环境恶化。并确定了规划目标是到 2030 年，将纽约建成"21 世纪第一个可持续发展的城市"，为全球其他城市做出示范。该规划从土地、水资源、交通、能源、空气、气候变化几大方面制定了 127 项计划，有针对性地解决纽约城市发展面临的问题，并注重激发公众对城市长期规划的兴趣。2011 年，纽约市第二版综合规划出台，细化了 2007 版的措施，围绕城市居民的现实需求，加强了对城市环境稳定性和社区宜居性的承诺，提出提高空气和水的质量的具体方案。2015 年，为应对新发展时期城市生活成本不断升高，收入不平等继续加剧，保障性住房供不应求等诸多问题，纽约市推出了《同一个纽约：建设一个富强而公正的纽约》的综合性规划，围绕经济增长活力、社会公平包容提出了有力的实施方案。总的来看，纽约城市规划注重从人的角度出发，将城市创新与创新人才高度结合，为纽约吸引和集聚人才、保持和提升创新活力提供了强有力的支持。

（二）人本导向的纽约城市规划

图 3-4　纽约时代广场

从人的需要出发、服务人的发展是纽约城市规划的重要特征。2015 年纽约城市发展综合规划——《同一个纽约：建设一个富强而公正的纽约》

的主题与内容是纽约城市规划坚持人本导向的集中体现。该规划注重城市创新能力与创新人才的发展高度统一。规划强调城市整体创新产出的提升，更关注城市“创新人”自身及后代知识水平、技术水平、财富水平、能力水平和观念水平的培养和提升，更注重就业、教育、医疗、住房和社会服务等方面福利待遇的公平与分享，更强调人才发展权利的保障。

1. 考量人的需要，评估机遇挑战

纽约城市规划将人口视为城市活力的源泉，并将“人口增长”作为主要议题。规划认为，不断增长的人口是城市的财富而非负担。到 2040 年，纽约城市人口将超过 900 万，达到历史最高值，65 岁以上人口将增加 40%。外国人口出生数占城市总出生人口数量的 40%，并会继续增长。这些人口数量的增长是城市吸引力和竞争能力的体现。纽约应充分认识城市人口对城市发展的重要价值，例如，随着人口增长，零售、餐饮和家政等产业将继续发展，为缺乏足够技能的市民提供就业机会，有助于提升城市整体就业水平。同时，城市需应对人口增长的挑战需要积极主动而不能消极回避，需要合理评估相应的机遇挑战并针对性应对。例如，规划在考量人的需要的基础上，提出重点挑战：不平等的扩大。虽然总体经济繁荣，但是纽约的不平等程度很高，而且呈现继续扩大的趋势。基础设施供给不足。水、气、热力及下水等市政系统，以及高速道路和桥梁等都面临着老化问题。城市环境与气候变化压力。纽约每天产生 25,000 吨垃圾，只有 15.4% 的进行了重复利用。三分之一以上的低收入群体尚未接入宽带网络。49% 的纽约市民对社区文化服务水平不满意。规划从战略的高度审视和研判城市人口的需要，不回避不平等、基础设施不足、环境压力、公共服务等问题与挑战，而将其作为需要解决的核心任务，以直面困难、解决问题的理念为规划的实施提供了条件。

2. 结合人的发展，设计未来愿景

纽约城市规划强调共识与前瞻，从人的可持续发展的角度出发，从经济、社会、环境、风险处理的维度明确了四个主要愿景。其中，愿景一是繁荣兴旺的城市。强调纽约将继续是全球经济最具活力的城市，家庭、商业和社区生机勃勃。纽约经济发展水平将继续领先美国总体水平。愿景二是公正公平的城市。强调纽约将建设一个包容、公平的城市，为每一个纽约人提供良好薪酬的就业和机会，保证他们有尊严和安全的生活。愿景三是可持续发展的城市。强调纽约市将成为全球最佳可持续发展大都市以及对抗气候变化的全球领导者。愿景四是韧性的城市。强调纽约的社区、经济和公共服务将做好准备，应对气候变化的影响和21世纪的其他威胁，实现更有韧性的发展。降低城市的社会潜在危害指数，降低因气候相关原因导致的经济损失，制定正确的投资决策。这四个愿景将城市人口个体与城市整体发展理念统一起来，与城市每个人息息相关又与城市长期发展高度统一。同时，纽约城市规划在未来愿景设计的过程中，还注重从程序上保障个体的参与权利。在整体规划的编制过程中，城市政府部门或城市规划机构并不是单一的决策主体，私营部门、非政府组织、社区团体、纽约市民等多方力量共同参与。据统计，共有超过7,500位市民参与了网上调查，800位市民参与了电话调查，1,300多位市民参与了40多个社区会议，177家社会组织和50多位官员进行了当面探讨，来自其他城市和地区的15位官员参与讨论。纽约城市规划通过网络调查、电话调查、社区会议、咨询讨论等多种参与方式，充分征集纽约市民的意见和需求，政府信息公开，决策过程民主，也非常有助于尊重个体、保持多元化、凝聚发展共识。

3. 围绕人的问题，量化实施指标

纽约城市规划强调理念与行动的统一。规划形成了“愿景－目标—策略”的框架体系，并通过相应的量化实施指标进行落实。例如，在建设繁荣兴旺的城市方面，规划提出，实现多产业部门的高质量就业增长。创造超过490万个就业岗位；将创新产业中私营部门的份额从目前的15%提升到2040年的20%。居住方面，纽约人将享受价格实惠的、高质量的、具备完善基础设施和社区服务的住房。2040年在本区域内为840万家庭住户解决住房问题。融资建设8万套保障性住房单元，2024年可购房屋保有量达12万。支持16万套新建住房，到2040年增加25万至30万套以上。交通方面，到2020年，骑自行车的人数将翻一倍。宽带网络方面，到2025年，纽约市民家庭网络接入率将由78.1%提升到100%。到2050年，纽约市民将在公共场所更加便捷地接入免费无线网络。在建设公正公平的城市方面，规划提出，到2025年，使80万纽约市民脱离贫困线或接近贫困线。到2040年，将过早死亡率降低25%，到2035年，体育锻炼达标成年人比例从67%增长到80%；公立高中生体育活动达标人数比例从19%增长到30%；纽约人将坚持“零死亡愿景”行动计划，不允许任何交通事故在纽约街道上发生。将交通死亡人数降至零，将交通事故至重伤的人数降至零。在可持续发展的城市建设方面，到2050年，城市温室气体排放量将减至2005年的80%；到2030年，城市废物处理量将减至2005年的90%；到2030年，将二氧化硫排放减少至2013年的50%，PM2.5排放减少至2013年的80%，居住在步行可达公园范围内的纽约市民从79.5%上升至85%。

（三）启示与建议

城市化是我国经济社会持续发展的主要动力，作为世界上人口最多的发展中国家，过去近四十年的时间里，我国经历了人类历史上最大规模的城市化加速过程，有力地支撑了我国经济增长的奇迹。从目前的情况来看，中国城镇化进程更多地表现在规模和数量的扩张上。同时城市发展中社会资源的大量投入并没有换得等量的城市创新功能的增进和改善。在城市人口数量剧增和城市规模的不断扩大、资源与环境压力不断加大的情况下，迫切需要借鉴先进经验，加快中国城市发展方式从要素驱动、投资规模驱动发展为主向以创新驱动发展为主的转变，坚持以人为本，依靠创新实现城市可持续发展。

1. 围绕提升“创新人”能力，增强城市规划人本性

城市发展需要以人为本，城市规划也需要坚持人本导向。从纽约城市发展规划来看，无论是经济增长、社会公平、可持续发展和城市韧性的总体愿景，还是应对人口增长、气候变化、保障就业、居住环境、医疗卫生、教育培训等与纽约市民生活息息相关的具体目标，规划都从满足市民需求、促进市民发展的视角出发，提供一揽子解决方案。对我国而言，促进城市创新发展，也需要坚持人口即财富的理念，在城市规划中把人放在一切发展活动的中心，尊重人、依靠人、为了人，推动从物本位向人本位转变。围绕提升“创新人”能力，既要着力解决“进入”问题，也要着力

解决“融入”问题，为所有城市居民和移民提供基本的医疗和教育机会，合理的住房和交通条件，适宜的人居和休闲环境以及创业和就业机会，通过提升“创新人”的生存与发展能力，实现城市创新能力的全面提升。

2. 围绕增强“创新人”动力，增强城市规划前瞻性

人的创新活动需要具有可持续性。培育人的创新动力也不能是短期行为而应该是长期行动，不是标语口号而应该是可量化的行动方案。从纽约城市规划来看，从2015年到2040年，“同一个纽约”规划周期长达25年，这有利于从长远、整体和综合的视角出发，克服短视、急功近利等短期城市规划的弱点，同时为实现长期愿景，“同一个纽约”规划设定了清晰明确的各项具体目标，制定了27个目标，55项细化目标，99条具体措施，以及102条辅助措施。这样周密细致的安排将一个宏大长远的愿景转化为多层次可衡量的具体措施，有利于将规划和政策目标真正落到实处。我国城市规划也应围绕增强“创新人”动力，在当下行动与未来目标之间做出公平合理的权衡取舍，长远规划各类城市物质和精神资源开发、利用的边界和尺度，并明确量化指标，将城市规划打造成城市和城市居民公共价值观和发展理念的载体，实现个人、城市创新希望、行动和效果的统一，不仅营造城市良好的创新生态，更要为“创新人”的城市创新活动提供长期、稳定的预期。

3. 围绕释放“创新人”活力，增强城市规划包容性

纽约城市规划在强调经济繁荣、就业增长的同时，还特别关注不同种族、不同阶级、不同文化背景的市民处境，全方位多角度提供便民利民的基础公共服务，并对弱势群体给予了特别关怀，促进社会公平。从我国目前的情况来看，一些有形或无形影响人们创新的活力的制度障碍仍然存在。以户籍制度为例，尽管我国城市户籍制度改革已经取得积极进步，但跨区流动人口户籍改革进展仍然缓慢，一些特大、大型城市的户籍改革仍然相对滞后。这些城市中，相当部分常住人口没有成为真正的市民，创意阶层的“迁而不转”和“转而不迁”现象同时存在，处于“飘”的状态。大量的人才虽然到城市里创新创业，但他们的身份、生活、社保、住房都没有发生根本性的变化，并没有分享到城市发展的成果。户籍制度成为大

量创新人才谋求机会公平、待遇平等、权益保障的障碍，还直接影响到了代际公平，影响城市创新能力的可持续性。未来，释放城市创新人才的活力，关键要深化改革，增强城市的包容性，这些都需要从城市规划做起。其中，一方面要从城市规划设计的理念和内容上，明确和保障人的创新权益。促进城市人口城镇化发展的过程共治和成果共享，尊重与重视不同群体表达意愿和参与公共事务的权利，形成无区别的城市居民身份统一、权利一致、地位平等的公共服务制度体系，实现国民教育、医疗卫生、公共住房、社会安全、社会救济和社会保障等各个方面公共服务均等化。另一方面，要推动多元导向的城市治理创新，要尊重城市居民对城市发展决策和规划的知情权、参与权、监督权，拓宽市民参与城市发展规划设计、执行、反馈全过程的范围和途径，通过增强市民权益获得感提升城市的创新水平。

4. 围绕保障“创新人”承载力，增强城市规划的绿色性

在纽约城市发展实践中，其领导者和公众意识到，城市发展最重要的不再是有利投资的可得性，而是有利投资无限延续的结果，大自然虽然极其慷慨，但也具有很强的脆弱性。同时，影响城市发展的“创新人”对自然条件的要求也较高，越是高端人才和产业越需要高质量的生态环境。目前，我国城市创新发展所面临的承载失衡问题依然突出。一方面，城市发展的资源环境压力正在不断增大，城镇化空间扩张、人口增长与能源消耗和环境污染的矛盾愈加明显。另一方面，我国城市发展中资源和能源的大量消费并没有换得等量的城市功能的增进和改善。一些城市重表轻里、重外轻内、重上轻下的现象仍然十分严重，城市功能很难满足城市创新发展的需要。未来，如何能够满足创新人才需要，营造宜居宜业的城市生活生产环境？是我国城市规划需要重视的问题。绿色发展强调在有限的空间内实现资源环境与人口的协调发展，既节约又发展，实现人居和自然环境发展的统一。我国城市规划也需要增强绿色性。注重体现人本理念，切实以保障改善民生为根本，让人民群众共享城市文明成果，实现由偏重数量、规模和粗放发展向注重提升质量内涵、集约高效发展转变，着力提升城市品质，合理确定城市开发边界，规范新城新区建设，统筹地上地下市政公

用设施建设，扩大城市绿化面积和公共活动空间，推行绿色交通、绿色能源、绿色建筑、绿色生产、绿色消费，增强城市综合服务功能，通过建设绿色城市承载更多创新人口。

三、伦敦：全球城市发展科技创新中心的启示

东伦敦区原本是柯南·道尔笔下雾都伦敦最为危险的地方，传说中“开膛手杰克”出没的地方。二战前这里曾经是街道狭窄、房屋稠密的贫民窟，战后虽然成为英国伦敦地区传统工业的聚集地，但是仍旧给人以贫困和混乱的印象。

伦敦科技城的诞生改变了这一切。在著名国际会计师事务所安永于 2015 年发布的《2015 年欧洲投资吸引报告》显示，东伦敦的科技城（Techcity）自 2012 以来，已有超过 1500 家企业入驻该区域。根据伦敦发展促进署（London & Partners）统计，这些新兴科技公司 2015 年一共吸引到 2.28 亿美金风险投资，比上一年增长了 69%，在此带动下伦敦地区已经成为欧洲最具投资吸引力的区域。根据 2015 年欧洲数字城市指数（digitalcityindex.eu），伦敦在支持科创的排名中高居榜首；在 Compass 发布的全球科技创业生态系统分析中，伦敦也以其科创企业数量、生态系统价值以及企业退出价值数据，成为欧洲最大的科技创业生态系统。

图 3-5　伦敦

（一）伦敦科技城的起源

伦敦科技城起源于20世纪90年代末期，一批年轻的新锐设计师看重该区域便利的交通环境，以及相对低廉的租金成本，聚集于此之后，该区域逐渐自发形成了一个朝气蓬勃的数字经济产业集群。2010年，英国首相卡梅伦和伦敦市长鲍里斯·约翰逊共同启动了伦敦“科技城”（Tech City）项目，将包括奥林匹克公园在内的东伦敦建造成高科技产业中心。自此之后，英国政府投入4亿英镑支持科技城的发展，并制定了优惠政策进行扶持。全球科技企业纷至沓来，吸引了Google、Facebook、Twitter、Amazon等顶级公司落户于此，根据伦敦发展促进署的研究报告显示：科技城平均每年2.3%的增长速度，是全英平均0.5%的经济增长超4倍多，在未来10年将持续保持高增长。

（二）伦敦科技城发展动力因素分析

东伦敦地区之所以能够成为欧洲最具创新活力的区域，一方面这与其所处的独特的区位，伦敦地区雄厚的科技、资本资源，完备的生产性服务业体系，以及人才和文化氛围优势；另一方面英国政府的政策扶持也是促成伦敦科技城迅速崛起的关键因素之一。

1. 强大的科技与人力资本支撑

科技创新资源的聚集离不开研发机构和科技人力资本的服务支撑。只有高水平的研发学术机构与人才的聚集，才能够推动一个区域持续不断的发展创新，无论是美国的“硅谷”还是日本的“筑波科学城”都无一例外。

伦敦聚集了全球最为顶尖的高等院校。2014年QS世界大学排名（QS World University Rankings）显示，伦敦是世界顶级大学数量最多的城市之一，有五所跻身全球100强，分别是帝国理工学院（Imperial College of London）（第二位），伦敦大学学院（University College London）（第五位）伦敦大学国王学院（King's College of London）（第16名），伦敦政治经济学院（London School of Economics）（第71名），伦敦大学玛丽女王学院（Queen Mary University of London）（第98名）。

其次，伦敦地区聚集了大量的高水平的科研管理与学术机构。依照这些机构的隶属关系来看，包括了隶属于政府的科研管理机构、准政府组织以及企业的研发机构。隶属于政府的科研机构包括，负责提供科技咨询与管理的议会与科学委员会、议会科技办公室、选择委员会等。准政府组织包括了工程和物理科学研究理事会（EPSRC）、医学研究理事会（MRC）、粒子物理学与天文学研究理事会（PPARC）、生物技术与生物科学研究理事会（BBSRC）、自然环境研究理事会（NERC）、经济与社会研究理事会（ESRC）和中央实验室委员会研究理事会（CCLRC），以及皇家学会、皇家工程院等。此外，伦敦地区还聚集了英国绝大多数的研究与技术组织（RTOs），这些组织主要是从事商业性研究并提供包括科技咨询等在内的其他服务。

最后，从人力资本优势来看，目前伦敦科技创业企业的从业人员多达 150 万，其中外籍雇员比例高达 53%。此外，2014—2015 年，英国大学 24% 的毕业生在取得学位后 6 个月内前往伦敦求职。38% 的罗素大学集团毕业生选择到伦敦工作。其中，英国最著名的牛津和剑桥大学，有一半学生离开象牙塔后来到伦敦。

2. 雄厚的资本供给与配置能力

金融资本一直是推动科技创新与产业发展背后的重要力量，伦敦作为全球的金融资本配置中心，拥有全世界最大的保险市场与外汇交易市场，是全球第二大基金管理中心，以及最具国际化的股票、债券市场和商品交易市场。悠久的金融服务业传统为英国建立完备的风险投资体系提供了良好的资金与人才保障。同时，拥有庞大的金融市场作为背书，使得伦敦成为欧洲的金融科技创新中心。

目前伦敦已经吸引众多大型风投公司的资金，包括 Index Ventures、Balderton Capital、DN Capital、Google Ventures 与 Santander。同时，还有许多风投公司正在伦敦进行早期风投活动，比如 Passion Capital、Playfair Capital、Ariadne Capital 以及 Octopus Investments 等，都在帮助培养一流的科技人才。此外，科技公司孵化器的数量也在增长，其中最著名的包括 Oxygen Accelerator、Wayra、金融科技（Fintech）公司孵化器 Level39 以及

Microsoft Ventures 等。

从科技金融发展态势来看，根据 Techcity 的数据，在伦敦科技城最核心区域，科技公司的密度达到了 3328 家 / 每平方公里，有 44000 人受雇于金融科技公司（Fintech），人才密度全球第一。相比之下，纽约只有 43000 人，硅谷有 11000 人。伦敦带动的英国金融科技（Fintech）交易量 2014 年是 2011 年的三倍，5 年复合增长 3 倍于全球平均水平，5 倍于硅谷。许多创新者被具有强大生命力的伦敦金融科技生态圈吸引。来自 HSBC 和 Lloyd 等的金融巨头愿意向创业者们分享自己的经验，直接说出自己的产品需求。

3. 优良的产业基础与文化环境

伦敦科技城的崛起在很大程度上也得益于英国本土优良的数字产业基础、高效的综合服务业体系，以及良好的创新创业生态。

首先，英国的数字经济产业超过两成集中在伦敦。就信息通信技术而言，伦敦计算机及相关行业的就业量占全英国的近 24%，通信行业占近 22%。此外，根据 Techcity 的数据，仅从 2010 年到 2013 年，伦敦的数字产业公司数量就上升了 93%。急速壮大的产业链让伦敦一共集聚了 251590 名数字 / 信息产业的从业者，包括 130000 名程序员和 54000 名大数据工作者。如果包含伦敦以东和以西的辐射区域，数字信息产业从业者的数量上升到了 744000 个，这些从业者的聚集使得伦敦形成了包含人工智能、软件工程、界面设计、媒体工业、数据科学等产业生态集群。

其次，从伦敦的综合服务业体系来看，伦敦作为国际资本要素配置中心，其要素市场的发展客观上带动了诸如法律、会计审计、咨询等高端商务服务业的聚集，从而为伦敦科技产业的发展提供了良好的基础服务体系。2011 年伦敦生产性服务业就业人数约 30.6 万人，占英国专业服务业总就业人数（98.7 万人）的比例高达 31%，其专业服务业创造增加值约为 195 亿英镑。

第三，作为英国的政治中心，伦敦拥有着包括诸多全球知名媒体机构，如 BBC、《金融时报》《每日电讯报》等，已经成了全球重要的信息发布中心和权威媒体聚集中心。这些机构的存在对于伦敦科技企业发展过程中的信息获取、品牌传播具有重要的推动作用。此外，伦敦市政府在 2012

年奥运会期间，投资数十亿英镑用于城市信息基础设施建设，这也为伦敦科技产业的发展提供了更为优质的硬件基础。

最后，从文化环境来看，伦敦作为国际化大都市，其开放与包容程度远远高于欧洲大陆。前伦敦市长 Boris Johnson 曾经在接受记者采访时自豪的指出，伦敦紧密的国际商旅联系、文化多样性和创新创意的环境是它吸引力当中最特别的部分。与此同时，随着创业者的聚集，越来越多的创业论坛、Hackason（黑客马拉松）、活动聚会出现在从 Old Street 到 Stratford 的东伦敦地区，此外，像 Google Campus、Silicon Drinkabout 这些孵化器组织的创业者每周都会举行相关的活动，这些活动成了创业者寻求合作伙伴、信息交流和人脉搭建以及投资者发现投资项目的重要平台。正是在这样的创业环境的推动下，伦敦科技城已经逐步形成了具有自有风格的创业文化。

图 3-6　伦敦金融城

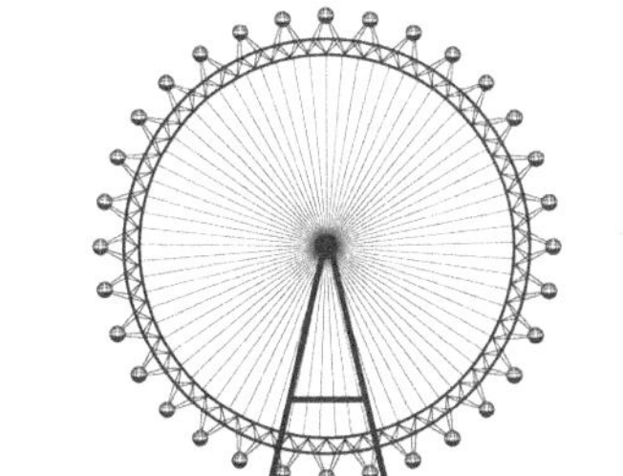

图 3-7　伦敦眼

4. 完备的政策支撑体系

尽管东伦敦科技城发展最初源自于市场的自发选择，但是伦敦市政府和英国政府为推动伦敦本地企业发展的政策服务体系，对于促进科技企业聚集起到了至关重要的推动作用。对此，语言学习应用 Busuu 的创始人 Bernhard Niesner 毫不隐讳的指出，伦敦市政府提供的政策支持对于企业推动企业发展，提升影响力非常重要。

综上可见英国政府对于伦敦创业企业的发展政策支持主要集中在：国际化的人才引进政策、创业企业项目推介政策、企业投资研发的财政扶持政策以及基础信息平台的搭建。

首先，从人才引进制度来看，伦敦科技城在发展过程中一方面得益于欧盟。另一方面，英国政府也制定了杰出人才移民签证（Exceptional Talent Visa）、创业企业家签证（Entrepreneur Visa）等人才签证计划，用以吸引高端人才的聚集。此外，英国政府对于政策实施流程也进行了相应的优化，伦敦外来人才移民手续受理的时间要比欧洲平均短 20%。

其次，从项目启动与推介政策来看，伦敦市政府以及英国政府已经推出了一套相对完备的创业企业项目启动与推介方案。这些方案主要包括未来 50（Future Fifty）、数字商业学院（Digital Business Academy）、科技国度（Tech Nation）等。其中未来 50（Future Fifty）项目皆在从政策、平台、资金等方面支持入选英国 B 轮以上发展最快的 50 家科创企业的项目，入选该项目的企业可以直接被邀请到唐宁街，与政策制定者一起讨论创业企业在政策上的困难和诉求；数字商业学院（Digital Business Academy）项目是政府与高校联合为毕业生提供免费在线的创业培训课程的项目；科技国度（Tech Nation）则是英国政府直接负责的科技产业项目。

再次，从研发投资税收抵免政策来看，伦敦市政府为推动伦敦科技城项目先后制订了创业贷款计划（Startup Loan Scheme）、专利盒政策（Patent Box Scheme）以及 EIS 和 SEIS 两项为投资者提供高达 50% 税收减免的投资计划。其中创业贷款计划可以直接向创业企业注入资金，而专利盒政策则对企业知识产权开发所得利润实施 10% 的企业所得税减免。同时，在英国政府层面，还直接修改了 IPO 规则，进一步支持成熟发展阶段的科创企业。此外，为推动中小企业的发展，英国政府还成立了包括地区风险资本基金（Regional Venture Capital Funds）、英国高科技基金（The UK high Technology Fund）、SBS 商业孵化基金（SBS Business Incubation Fund）等在内的一系列政府母基金用于解决中小企业发展初期的资金不足问题。

最后，从帮助企业信息获取来看，英国政府在东伦敦科技城项目启动之后，在 Shoreditch 等地区同期成立了支持科创产业的政府外组织“科技城（Tech City UK）”，用以帮助英国科技企业获取政策服务信息和相关市场信息。同时，伦敦政府以及英国政府向科技企业开放了一部分数据库，用以支持其进行科技研发。

（三）启示与建议

从伦敦科技城的发展历程来看，初期区域低成本优势是推动创业企业聚集于此的原始动力，而伦敦良好的金融资本供给、高端商务服务业为伦敦科技城发展提供了充足的资本与综合环境。同时，伦敦开放的国际化环境，以及政府的综合服务体系的支持，则为伦敦科技城构建创新生态提供了强大的推动力。

因此，我国城市管理者在推动区域科技创新发展的过程中也可以借鉴伦敦的城市发展模式，在实现城市老旧厂房、街道空间的综合改造、完善科技服务支撑体系、优化人才引进制度、积极构建科技风险投资体系等几方面持续发力，打造具有特色的城市综合创新产业生态。

1. 拓展创新产业发展空间

空间成本较高，对于中国城市推动科技产业聚集，无疑是一个巨大的制约因素。因此，城市在功能疏解产业腾退的过程中，要充分利用好老旧工业厂房、产业园区的空间资源，通过予以土地、规划政策的倾斜，打造一批创意工厂、创客基地、众创公社、创业社区等众创空间，有效实现产业发展空间的扩展、科技企业租金成本以及科技人才居住成本的降低。

2. 创新人才引进机制

建设创新城市要围绕城市科技、产业发展的主体方向，重点引进一批具有国际影响力的技术专业人才与领军人物、科技创业团队、科技企业管理人才。构建创新型人才培养模式，通过积极推动政府机构、科技企业与高等院校、社会知名专业机构、人才实训基地等合作，加强专业技能型人才培训，形成多元人才支撑。积极鼓励社会力量参与人才孵化基地、人才培养平台建设，加快人才智力成果转化，为青年优秀人才创业发展提供便利。需要鼓励国内人力资源服务机构走出去与国外人力资源服务机构开展合作，通过完善“绿卡”、签证、外国人就业许可等办理机制，强化海外人才引进联络机制。要打造国际化的文化氛围，通过营造包容的文化环境，促进多元文化融合。

3. 突出资本运营的核心配置作用

充分发挥金融资本在推动科技企业成长方面的重要作用。一要发挥区域金融企业聚集优势，鼓励银行、保险、证券等传统金融业，重点发展针对创业期、种子期企业的投贷产品和知识产权质押、仓单质押、股权质押等科技创新金融产品，为科技型企业、成长型企业及高新技术成果转化项目提供融资服务。二要加快完善科技金融体系，积极推动科技保险、科技信贷、科技担保、科技创投、科技金融组织、科技上市公司培育体系发展。三要建立风险补偿机制，搭建政府、企业、银行、担保机构的合作平台，引导各类金融机构为科技型中小企业提供融资、保险、担保等科技金融服务支持，完善中小企业“投贷担”服务体系。

4. 完善政策扶持体系

一要探索构建符合城市创新发展的政策激励机制。一方面加快构建完善科技企业发展的税收优惠与财政补贴机制。针对科技创新企业的不同发展阶段制定具体的政策扶持体系。另一方面，加快打造政府主导的创新投资引导基金体系，通过发挥政府母基金杠杆放大作用，引导创新型主体自主、自愿投资发展，给予创新主体融资、增信、风险补偿等方面的激励，支持进行持续的创新投入。

二要从政府服务供给方面要加快搭建“事项服务 + 整合服务”的服务平台，即综合运用现代信息技术、移动 APP、电子政务等方式，进一步完善开发区“一站式”政务服务大厅，改进“一照一码”、单一窗口、并联审批等投资服务，并逐步提高在线审批、在线服务比例和深度。同时开放创新发展，通过跨境、跨区域合作，成立创新联盟、行业协会、园区联盟，形成常态化的产业合作、项目对接和企业服务。此外，政府在推动科技企业发展过程中，应该加快整合高校、科研院所等机构内部数据，打造开源数据共享平台，便于创业企业信息获取与技术查询。

四、斯德哥尔摩：根植于瑞典人基因深处的创新精神

瑞典首都斯德哥尔摩，位于瑞典东南部，是波罗的海和梅拉伦湖的入海处，面积 6519 平方公里，人口约 153 万（2017 年估算人口总量为 152.9 万）。斯德哥尔摩是瑞典第一大城市，也是北欧第一大城市，故常被称为“斯堪地纳维亚的首都（The Capital of Scandinavia）”。这座面积和人口均处中等规模的城市，在世界城市竞争力排序中却一直名列前茅。据 2014 年国际竞争力中心（Center for International Competitiveness）公布的数据，斯德哥尔摩的国际竞争力在整个欧洲地区排名第二[①]。

表 3–2　欧洲最具竞争力地区排名

竞争力欧洲排名	地区	国家	竞争力指数	竞争力排名
1	布鲁塞尔地区	比利时	328.5	2
2	斯德哥尔摩	瑞典	292.8	6
3	挪威	挪威	291.3	7
4	卢森堡	卢森堡	289.5	9
5	首都大区	丹麦	260.3	15
6	法兰西岛	法国	259.1	16
7	南芬兰省	芬兰	246.7	21
8	瑞士	瑞士	240.1	24
9	巴登符腾堡州	德国	228.1	31
10	南荷兰省	荷兰	219.6	34

（数据来源：国际竞争力中心年度报告）

斯德哥尔摩的竞争力不容小觑，重要支撑源自于它的创新能力。这个面积相当于上海、人口却只有海淀区一半的城市，无疑是世界上最具创新精神的地区之一。历史上许多改变人类生活的发明都出自这里：火柴、拉链、温度计、汽车安全带、冰箱、血液透析仪、空气净化器等等。如今，斯德哥尔摩也是拥有众多科技专利和设计版权的国际公司发源地，沃尔

① RobertHuggins，HiroIzushi，DanielProkop，PiersThompson，TheGlobalCompetitivenessofRegions，Binding：Hardback，2014.

沃、伊莱克斯、萨博、爱立信、利乐包装、宜家、绝对伏特加（Absolut Vodka）、ABB、Blueair、Skype、H&M、Acne、Spotify 音乐网站、King 游戏设计公司等知名企业都由这里起步，迈向世界。斯德哥尔摩西斯塔科技园（Kista）被评为全球第二大科技园，仅次于美国硅谷。

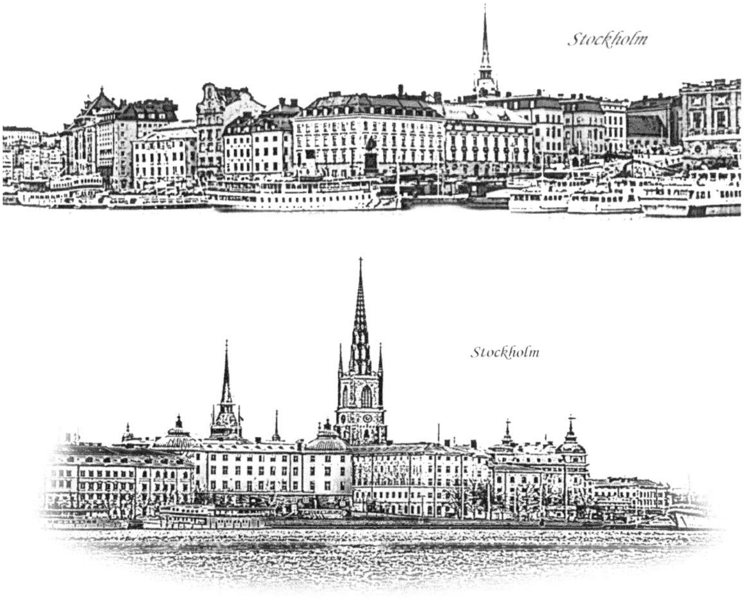

图 3-8　斯德哥尔摩

（一）社会价值观驱动创新发展

斯德哥尔摩的创新力并非孤立存在的，而是深深根植于瑞典的文化与传统当中。已经颁发了一百多年的诺贝尔奖，被认为是全世界范围若干科研领域的最高荣誉，对于创新精神的鼓励与肯定，一直是其题中应有之意。在世界各国统计中，人均发表科技论文数、人均拥有跨国公司数和人均发明专利数，瑞典长时间名列世界第一。瑞典驻华使馆公布的信息显示，“在彭博社发布的 2016 年彭博创新指数中，韩国、德国和瑞典排名前三。彭博创新指数是一项用来衡量经济体创新力水平的指标体系，根据结果显示，瑞典在研发密度、研究人员集中度和专利等方面都表现突出。在另一项调研中，2016年信息技术与创新基金会（ITIF）将瑞典排在对全球创新产生积极影响的国家的第二名。”[①] 在世界知识产权组织日前发布的2017年全球创新指数中，瑞典被评为最具创新力的国家之一，排名第二[②]。可以说，创新不仅是瑞典得以快速发展的深层动力，更是支撑其民族发展的重要精神资源。创新精神和创新意识作为一种价值观，早已经融汇于每个瑞典人的血脉当中。

1. 基于“忧患意识”的创新动力

低调的瑞典人一直有着很强的忧患意识，他们很早就认识到作为一个人口少、市场规模小、资源有限的小国，必须在人力资本、科技创新、绿色发展、国际市场上大力发展。创新之于瑞典，是国家社稷之根本。源于对创新的重视，瑞典在研发投入上不遗余力，2016年瑞典投入研发的经费约占全民生产总值的3.3%，这一比值居世界第四位。瑞典的大型企业如沃尔沃、萨博、爱立信等也非常重视在创新研发上的投入，它们的投入占全国研发经费的80%[③]。

首都斯德哥尔摩20世纪90年代以来，不断进行经济结构改革，逐步收缩劳动密集型产业规模，通过完善教育体系、增强人力资本、鼓励改革与创新、增加研发投入、加强科技创新、充分利用国际市场等举措大力发展知识密集型产业和研发密集型产业。斯德哥尔摩在瑞典大学的全部研发支出中占48%，22%以上的企业研发投入占其营业额比例大于10%，表明斯德哥尔摩的研发强度高于瑞典平均水平，这更足见斯德哥尔摩的研发投入处于世界城市前列。

2. 基于“敬畏自然、尊重生命”的创新基因

斯德哥尔摩人的血液里，流淌着对大自然的尊崇与热爱。森林覆盖率高达66%的斯德哥尔摩，随处可见绿地、森林和湖泊。正因为对大自然的珍爱，深知自然资源并非取之不尽用之不竭，瑞典人大都是活跃的环境保护主义者，也创造了许多为环保而生的发明。例如，因为坚信呼吸洁净空

---

① 瑞典驻华大使馆微博，http：//tw.weibo.com/EmbassyofSweden，2016.2.2【2017年6月22日】.

② WIOP，The Global Innovation Index 2017（Tenth Edition），PWC，2017.

③ OECD，OECDTerritorialReviews：Stockholm，Sweden，Paris，2006.

气是人类的权利，一名叫 Bengt Rittri 的瑞典人，联合设计师、工程师、空气过滤专家和研究人员，在 1996 年时研发出世界上第一台空气净化器，打造出 Blueair 这一全球空气净化领域的标杆性品牌。此外，宜家自取式服务和简化包装的供应体系创新，某种程度上也是瑞典人的环保基因的一种折射。再如，为北京排水集团高碑店污水处理厂提供设备的瑞典普拉克（Purac）公司，是世界上最大的污水处理厂之一，普拉克提供的设备不仅占地面积小，而且性能异常出色。

图 3–9　斯德哥尔摩历史建筑

（来源：摄图网）

“尊重生命，平等至上”是瑞典人普遍奉行的价值观。1789 年颁布的《瑞典统一和安全法案》规定“自由平等的人应该拥有平等的权利。”这些历史例律对瑞典人的价值观产生着深远影响。从社会创新力的角度来看，对生命的尊重和对平等的不懈追求，潜移默化地成为瑞典企业技术创新的核心驱动力。例如，为减少驾驶伤亡、生产出“世界上最安全的车”，沃尔沃公司不断在汽车安全发展史上书写创新篇章：为保障车内人员的安全，沃尔沃发明了三点式安全带；为力求最大程度地保护车外行人的安全，沃尔沃第一个做到在车外的挡风玻璃前放置安全气囊；为了能够避免任何形式的追尾或碰撞，沃尔沃 2008 年研发出自动刹车系统（AEB）即“城市安全系统”（City Safety），并已经实现全车型的普遍安装。美国宣布到 2022 年时，要将 AEB 系统列为美国汽车的标配。

可以说，瑞典品牌在商业上的成功，源自瑞典人以价值观为主要驱动的创新。瑞典社会的价值观——敬畏大自然、尊重生命、平等至上，促使瑞典人在商品、服务和制度创新中不断融入价值追求，从而驱动创新发展。

（二）人性化理念构建创新体系

在创新的保障体系方面，瑞典非常重视人性化的沟通与转化。政府和公共机构在其中发挥着引领者和建设者的作用，一方面注重顶层设计，构建符合创新创业者需求的孵化体系，另一方面注重现实落地，从多个层级建立起有效的创业帮扶制度。

瑞典创新署（VINNOVA）是斯德哥尔摩政府主管创新的机构，其主要任务有两方面，一是将大学及科研机构的研究与商业化项目联结在一起进行孵化，为这些研究成果的产业化和商业化转化提供资金支持和运营协助；二是从企业和市场需求出发，主动发起项目，召集或交由研发人员开展以市场需求为目标指向的研究工作。创新署每年有 20 亿瑞典克朗的预算，全部用于资助约 4000 个企业的创新项目。“该项目自 2005 年开始实行，经过多年的运行，已经让瑞典的中小企业发生了‘巨大变化’，其中大批中小企业申请到该项目资金，企业在与政府的共同投资过程中降低了风险，企业的创新积极性也快速上涨。”①

STING（Stockholm Innovation & Growth）是斯德哥尔摩地区针对个人或小企业的创新创业孵化器。这一孵化体系从 4 个方面帮助创业者：（1）商业开发：提供一位私人商务教练，每周运用半天时间帮助确定商业理念、商业模式、资金计划、预算、知识产权、市场和销售策略等计划。（2）协助融资：协助创业者获取最好的融资机会，帮助他们与投资者的会面，推销培训，提供接触 STING 天使投资和瑞典及国际投资者的机会。（3）招聘人才：在整个招聘过程中提供支持，从撰写招聘需求和广告，到通过合适

① 周路菡，工程师之国：瑞典的创新启示，新经济导刊，2016 年 3 月 .

的渠道找到关键候选人、选择候选人直至雇佣他们。（4）网络搭建：创业者可以访问STING广泛的国际投资者网络，从中寻找潜在的合作伙伴与客户，使用STING与工商业界、学界的合作网络。STING孵化机制自2002年实施以来，斯德哥尔摩每年都有大量创新型的新公司诞生，截至目前已有209家企业在STING的孵化下诞生，完成4.69亿欧元的融资，产生了1532个就业岗位。

斯德哥尔摩创新奖学金（The Stockholm Innovation Scholarship）发起于1985年，是瑞典面向创新人才的最大奖项之一，以促进创造力和鼓励创业精神为目标，针对能够代表斯德哥尔摩工商业发展水准的行业进行奖励：日常用品、清洁技术、ICT和电信、生命科学、服务业、文化创意产业、酒店业。斯德哥尔摩创新奖学金还为许多创业公司提供了最初的资金支持。该奖学金奖励针对的是创新能力，可以是一个产品、一种服务，或是这两者的结合，每一个获奖者能够得到10万瑞典克朗的奖励。

斯德哥尔摩在鼓励创业方面，还特别注重对创业者商业计划书的审核和帮助。政府对创业者进行帮助并提供免费培训：一种是针对尚未决定是否创业的人员进行为期4周、16门课程的短期培训；另一种是针对确定创业的人员进行为期8–12周的创业课程培训，主要讲授如何创办和运营公司。另外，斯德哥尔摩还针对失业人员的创业活动进行特别帮助，首先对失业人员提交的创业计划进行审查，按照创业涉及的领域，邀请相关专家顾问与创业者面谈并进行评估，根据专家意见向申请者发放6个月的失业补贴，并在创业之初的筹备阶段，对创业情况进行追踪了解并提供相应的帮助。

因为完善的创业孵化体系和严格的前置创业审查程序，斯德哥尔摩地区的创业成功率很高，按照创业三年后仍然能够坚持经营的标准衡量，斯德哥尔摩的创业成功率可达70%。[①] 以2015年为例，2.33万家公司在斯德哥尔摩注册成立，仅2000家公司倒闭，每年注册成立的公司数量远远大于倒闭的公司数量（如图3–10）。

---

① 于丽丽，瑞典斯德哥尔摩研发创新体系研究，华东师范大学，2008.

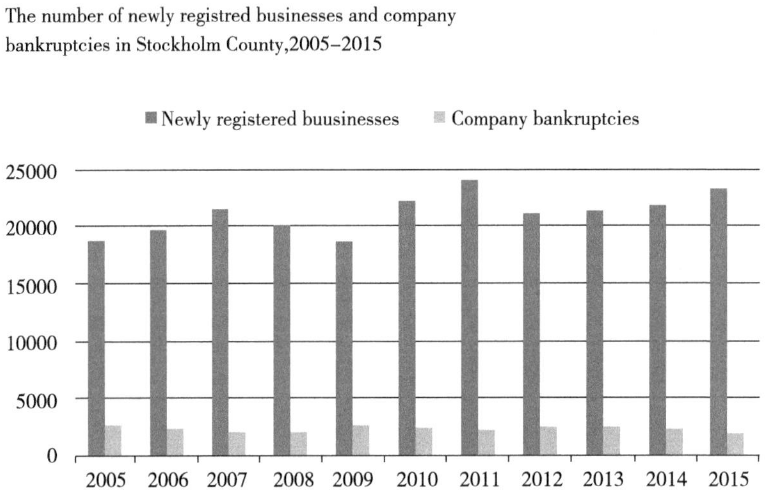

图 3–10　2005–2015 斯德哥尔摩地区注册成立公司数量与倒闭公司数量比较

（数据来源：斯德哥尔摩市政报告）

（三）启示与建议

城市文化要永葆活力，创新是助力器。创新意识激励创新文化，创新文化激发城市活力，城市活力促进城市文化多样性的发展。文化的多样性与包容性，能够确保创新者的价值诉求，实现人的全面自由发展，这也是人的社会价值的一种体现。研究斯德哥尔摩的创新体系及其对创新者的扶持办法，对于中国城市培育创新文化、建立健全创新保障体系以及打造更富活力的城市文化具有重要意义。

1. 要积极培育富有创新精神的文化土壤

从斯德哥尔摩的案例中可以看出，创新是构成瑞典社会价值观的重要组成部分——民众对创新的认同度高，并能在工作中践行创新；社会对创新可能带来的风险和失败也有着最大的宽容。这确保了对创新者的保护和对创新者个人价值的尊重。对中国城市而言，树立城市发展与创新目标相统一的价值观，培育创新文化，营造有利于创新的社会环境，是提升创新能力的基础保障。创新意味着要承担错误甚至接受失败，意味着风险。硅谷流传着一句名言：It's ok to be failed（失败是可以的），营造一个鼓励尝试、宽容失败、不以成败论英雄的社会环境至关重要。对于创新者要给予实际的自主权，尊重他们的个人价值，赋予他们宽松适宜的工作环境，为他们提供培训机会，帮助他们实现自我价值。

2. 要努力打造以满足市场需求为导向的转化体系

创新活动的最终目标是要满足市场和企业的需求。为此，创新需要有一个通畅的转化体系作为保障，这个体系能够确保创新者准确及时了解企业和市场的需求，以解决实际问题为导向进行创新活动。这个全面的转化体系包括：研发资金提供平台、创新创业扶持平台、创新创业者制度保障体系、金融服务体系、人才培养体系、科研成果产业化市场化转化体系。中国需探索出一条符合自身发展情况的、以满足市场需求为导向的创新成果转化体系，方可确保科研成果市场化和产业化转化的高效性和成功率。

3. 要大力完善人性化的创新与创业帮扶制度

对有创业意向的创新者，斯德哥尔摩有着完善的帮扶体系，这个体系设想了创新者在投身创业的初期将可能面临的所有问题，针对每一个关键环节给予创新者指导和帮助。斯德哥尔摩还成立了许多法务咨询机构，专门帮助科研人员将专利和知识产权面向市场进行转化。政府和相关机构作为主体，细化创新创业遇到各类问题，从政策、资金、技能、法务、管理、运营等各个环节入手为创业者提供帮助，才能够保证创新体系的可持续化运行。这都对中国的创新发展提供了可资借鉴的路径。

因为对创新的尊重与鼓励，斯德哥尔摩保持着恒久不衰的城市活力。在鼓励“大众创业、万众创新”的中国现实环境下，撷他山之石，借鉴斯德哥尔摩从创新文化培育到相关制度设计的一系列做法，无疑具有独特的价值。

五、新加坡：智慧交通改善生活环境

新加坡一直以来都是智慧城市建设的典范，先进的信息技术、数据通信传输技术、电子控制技术以及计算机处理技术等被广泛应用于城市建设管理的各个方面。特别是在交通管理领域，“智慧交通”已成为新加坡交通服务体系的关键词。

本书将从城市交通发展理念、公共交通体系、技术服务状况、交通管理方式、政策法规制定等方面，总结新加坡城市智慧交通体系的发展经验，以期为中国城市公共交通发展提供参考借鉴。

图 3-11　新加坡

（一）以人为本的交通发展理念

新加坡的交通体系建设试图满足因为人口密集带来的多元交通需求，在有效管理交通、避免拥堵的同时，处处体现着“以人为本”的理念。

新加坡在 2013 年制定《新加坡陆路交通总体规划》，明确提出了到 2030 年的发展目标：创建更加以人为本的陆路交通系统，加强公共交通之间的良好连接性，方便居民的出行；在公共交通方面为居民提供更好的服务，使居民乘坐公共交通过程中获得良好的出行体验；促进社会的健康有序发展并提高生活环境的宜居性；使公共交通成为优选，公共交通将成为更具吸引力的交通方式。预期到 2030 年，新加坡早晚高峰时段公共交通出行比例可达到 75%，公共交通的出行速度也会有大幅度的提升。[①]

① 资料来源：郑晓俊．新加坡以人为本的高品质公共交通体系剖析［J］．综合运输，2012，（08）：70–75.

新加坡在拥有完善公共交通系统的同时，非常重视人性化设计，使公交系统之间具备良好的连接性。人流由住宅区出入口到城市道路人行道，再到路边的公交停靠站的步行设施，都以连廊或缓坡形式连续铺设。同时，新加坡陆路交通管理局表示，到2018年将在通向各个车站的道路上增设超过200km的步行连廊，将其视为交通管理的一部分，在步行连廊中，将设置行人休息区，在主要节点设置指示标志和步行地图，引导行人通往最近的轨道交通车站。[①]这既解决了因为太阳暴晒或阴雨天气给人们带来的步行前往附近公共汽车站或轨道车站的不便，又充分体现了人性化关怀。此外，新加坡将在多座行人天桥增设升降电梯，方便老幼、残障人士、孕妇等的出行；在靠近高架地铁轨道附近的地段安装隔音屏，使居住在附近居民区的市民免受列车噪音带来的干扰。[②]

图 3–12　新加坡文纳桥

新加坡对无障碍交通的设计做了细致的考察研究，遵循系统、连续的准则，讲求通用、便捷的目标，营造了系统、精致、和谐的公共交通无障碍环境。新加坡的公共交通空间无障碍设计和建设由陆路交通管理局完

① 资料来源：陈广艺．新加坡2030年陆路交通发展规划简析与启示［J］．城市交通，2016，（02）：67–74+82.

② 资料来源：Feature Projects［EB/OL］. http：//www.lta.gov.sg/content/ltaweb/en/industry-matters. html，2015-08-20.

成，主要有交通枢纽和城市道路两方面。无障碍交通设计体现在各个细节，如车门处的连接板，不同样式、不同颜色的座椅，醒目而合理的标识和交通指示牌等。新加坡的交通系统设计真正落实以人为本的理念，处处以为人提供便利为考虑，公共交通的良好连接性为人提供高效、舒适的乘车体验。

图 3-13　新加坡爱琴桥

（二）一体化的公共交通体系

新加坡的公共交通体系由城市捷运（Mass Rapid Transit，MRT）、城市轻轨（Light Rail Transit，LRT）、公共汽车和出租车构成，最显著的特征是公共交通系统的一体化，形成了以快速轨道交通为骨干、公共汽车为支撑、出租汽车为补充有机交通网络系统。

MRT 和 LRT 共同构成了新加坡的城市轨道交通体系。MRT 站点通常以大型交通枢纽中心为目标来开发建设，因此 MRT 站点是新加坡城市交通一体化建设的典型代表。MRT 站点建设时充分考虑了与轻轨、巴士、小汽车、非机动车的换乘问题，进行了一体化设计，并同步投入使用。目前，MRT 共有 4 条线路，MRT 站点将新加坡各商业中心串联，成了城市公共交通的核心组成部分。新加坡的大多数城镇则以 MRT 站点为中心建设，这样既充分地利用了有限的土地资源，又能促进商业、交通的有效结合，提升土地使用价值。

LRT 其实是对 MRT 的补充和拓展，由于 MRT 站点多为大型枢纽，与部分小型社区、商业区仍存在距离，因此新加坡建设了 3 条 LRT 线路来增强城市轨道交通网络的局部可达性。LRT 的建设使 MRT 站点与居住区和商业区形成了更好的连接。目前，新加坡每个 LRT 站点与附近主要居住区的最大步行距离不超过 400m。

新加坡的公共汽车分为长途和短途两种服务。长途服务主要是各个城镇，或者城镇到市中心以及某些工业区的远距离通勤；短途服务主要是各城镇居住区到城镇中心或地铁站点的短距离通勤。另外，根据乘客对公共汽车功能需求，新加坡还建立了短程线路、特快线路车、夜间线路、镇内线路等模式。短程线路主要是为了繁忙时间分流而提供的特殊线路，它只经过普通线路的某些段；特快线路主要是为了连接长距离间的商业中心或居住中心，它只停靠部分大站台；夜间线路是提供给午夜之后的乘客使用，价格也偏贵；镇内线路提供了镇内各社区的连接以及社区与地铁站点的连接。目前，新加坡每 400 米至少有一个公交站点，公交站点与地铁站或者主要换乘站之间步行距离不超过 150 米。在工作日的早高峰期间，至少有 80% 的公交服务的车头时距不超过 10 分钟，其他时间，80% 的巴士车头时距与规定的车头时距相差不超过 5 分钟。

新加坡政府对出租车的总量有严格的控制，目前，出租汽车保有量约 27000 辆，共 7 家运营商。同时，出租汽车费用中通常会包括电子道路收费、高峰时段、午夜时段、公共节假日等附加费，以及在特定区域叫车支付的额外收费，因此出租汽车是新加坡公共交通系统的有效补充，但并非发展重点。

总的来说，MRT 将城市商业、交通、居民生活有机结合，LRT 提高了市民生活、工作、交通的便利性，公共汽车和出租汽车则进一步支撑了城市公共交通体系。目前，公共交通体系至少支持了新加坡人 60% 的出行，[①] 有效地提升了市民的生活效率。

---

① 资料来源：罗兆广 . 新加坡交通需求管理的关键策略与特色［J］. 城市交通，2009,（06）：33-38+27.

（三）智能化的交通服务系统

新加坡的智能化交通服务系统是由城市高速路监控信息系统、车速信息系统、电子道路收费系统、出行者信息服务系统、车辆优先权系统等多个智能化系统集合而成，这些系统使新加坡形成了全世界最为发达的交通路网和运输系统，因此，新加坡也被称为“流动的花园城市”。①②

城市高速路监控信息系统（Expressway Monitoring Advisory System，EMAS）是一个智能化的高速公路信息采集以及事故监控系统。该系统在高速公路上设置 24 小时工作的监控摄像机，当摄像机探测到事故发生或交通滞缓迹象时即刻报警，将信息通报交管部门，并通过高速路上的电子牌公告给驾车者。这种及时的交通状况信息分享，有助于事故的及时解决，也避免驾驶者进入过分繁忙或有事故的路段。

车速信息系统（Traffic Scan）是通过安装在出租汽车上的全球定位系统（GPS）获取不同道路上的平均行驶速度及其车辆当前位置。这些信息被实时发布至 TrafficScan 网站，供用户和交通管理者了解各区域交通状况，决策出行计划或道路规划。

电子道路收费系统（Electronic Road Pricing System，ERPS）是由带现金卡的车载单元、ERP 显示牌，以及控制中心三部分组成。每个车辆都有对应的车载单元号码，当车辆通过收费口时，收费系统会自动从智能卡中扣款或通过计算机从车主账户上扣除费用，车辆收费全程无须停车或减速。新加坡是世界上第一个建立 ERPS 的国家，目前，已有 97% 的车辆使用 ERPS，该系统有效地缓解了城市交通拥堵状况。

出行者信息服务系统（Advanced Traveler Information System，ATIS）是通过收集各种公共交通设施的静态和动态服务信息，向出行者提供当前的公共交通和道路状况等准时、可靠的信息，帮助出行者选择最优的出行方式、出行时间和出行路线。

---

① 资料来源：新加坡 ITMS（智能交通管理系统）发展介绍，中国百科网：http：//www.chinabaike.com/t/10383/2015/0918/3310151.html.

② 资料来源：李德宏，汪浩．流动的花园城市——智能交通系统在新加坡的应用与发展［J］. 国际公路水运交通技术设备展览会专题研讨会，2002.

车辆优先权系统（Vehicle Priority System，VPS）分为公路干线车辆优先权系统和高速路紧急车辆优先权系统。公路干线车辆优先权系统通过车辆监测器或使用基于 GPS 的车辆进行自动判别，然后给予优先权车辆（例如紧急车辆）更多的绿灯时间（或更少的红灯时间），使优先权车辆能更快地通过信号交叉口。高速路紧急车辆优先权系统通过 EMAS 电子公告板预先向驾车者提供警示信息，使驾驶者有足够的反应时间来准备给优先权车辆让出车道，提高了救护和消防等任务的处理速度。

经过多年的发展，新加坡已将多个智能化系统通过信息中心连接到一起，建立了一套实时、准确、高效的整合交通管理系统（Integrated traffic Management System，ITMS），实现了数据采集，信息发布以及策略实施一体化，保证了高效、舒适、安全的行车环境。

（四）合理分配道路资源

新加坡的路网密度居世界第三，但却能保持道路畅通无阻，得益于道路交通组织的科学化。

首先是科学的交通组织和道路设置，新加坡的很多道路都是单向行驶，即使道路上是三个以上多车道依然如此，即使是很近的地方也必须绕行，这就有效地避免了由于车道有限或是车流交叉带来的拥堵。在交通线路设置大量醒目的交通标线，基本实现道路交通标线的全覆盖，使得驾驶员可以对行驶路段进行清晰、准确地把控。新加坡市区有较多的下沉道路和下沉隧道供汽车通行，立交桥较少，这样使城市整体形象更加美观也减少了由于人车交织带来的交通拥堵，提高了汽车的通行效率。

对于国土资源紧张的新加坡来说，资源的高效集约利用显得尤为重要。地面道路资源显然不能满足大量的车辆停车需求，因此新加坡拥有大量的地下停车场、多层立体停车场，解决了大量的私人汽车停放问题。停车采取按时收费，不同时段的收费标准不同，平日的高峰时段收费最高，周末或节假日的收费较低。在大型住宅区、购物中心设出租车集中等候点，禁止正在行驶的出租车即拦即上，系统化的管理方便快捷，同时有效避免拥堵的可能性。商业区、住宅区、路边的停车收费也各不相同，费用的高低控制车辆的使用和停放，取得良好的效果。①

陆路交通管理局以及其他相关机构计划在市中心某些商业和历史街区划定无车区和少车区，在居住区试行设置无车区或少车区，强调城市公共空间绿色出行的重要性，为其在道路公共基础设施上提供便利。独立的自行车通道网的建设使得居民可以轻松的骑行至附近的公共交通站点、商业区、餐厅、学校、图书馆等地区，不仅绿色出行、健康环保而且在一定程度上缓解了交通压力，绿色出行同样降低了交通成本。

在道路交通管理方面新加坡以其独特的探索和经验制定出科学有效的管理机制，科学的道路设置、合理的道路分配、绿色出行的道路设计等方式提高了交通运行效率，方便了民众的出行。

（五）严格的交通管理政策法规

新加坡的道路交通安全法律体系完备，包含《道路交通法》《道路交通规则》《刑事处罚法》《刑事诉讼法》《停车场地规则》《环境保护和管理规定》等30多部法律法规，对道路交通的基本规定、道路使用规则以及违规惩罚等做了详细的说明。

新加坡的《道路交通法》《刑事处罚法》等法律对于交通违法行为和道路交通犯罪的处罚力度很大，财产处罚的罚金一般为500到5000新币不等，对于普通交通违法，人身处罚可达3个月监禁。道路交通犯罪的构成如下：“鲁莽或者危险驾驶罪”“鲁莽或者危险驾驶致人死亡罪”“严重交通违法致人伤亡罪”，以上犯罪对于初犯的，人身处罚最高可达5年，还可以处以6鞭以下鞭刑；对于累犯的，人身处罚最高可达10年。对重点交通违法行为的处罚力度非常大，罚款额度都在1000新元以上；针对普通交通违法行为，罚款额度最高可达1000新元。对于重点交通违法行为累犯的需加重处罚，处罚幅度最高可达原处罚的3倍。对于普通交通违法行为累犯的，处罚幅度可达原处罚的2倍。《道路交通规则》明确规定了驾驶员的积分管理制度，记分周期为24个月，总分24分，不允许记分一次性清零。若在一个记分周期内记满24分，最长可吊销驾驶证3年。②

---

① 资料来源：冯新毅．新加坡道路交通管理特色及启示［J］．特区实践与理论，2013，（03）：59-63.

② 资料来源：调研小组．英国及新加坡交通管理的观察与启示［J］．道路交通管理，2016，（04）：78-82.

因此，在长期严厉法律和规章制度的治理和约束下，良好的交通行为规范已经成为个人的一种习惯，比如行人绿灯亮起的时候，车辆必须等待所有行人通过之后方可通行，车辆绝不会出现抢道的情况，因此交通必然规范，同时对社会的井然有序有促进作用。

（六）启示与建议

城市交通的发展建设是一个城市能否成功实现可持续发展的关键。对于中国而言，在人口规模、经济发展水平、城市化程度上与新加坡存在明显差异，因此，不可能完全复制新加坡在公共交通领域的成功实践。但是，新加坡务实超前的交通发展理念，以人为本的交通设计，勇于创新的交通管理方式，严格谨慎的交通惩罚制度，是值得中国借鉴与学习的。在实现城市的可持续发展的进程中，中国需要向新加坡等发达城市汲取成功经验，结合中国实际，打造一个满足市民需求、有效提高城市生产生活效率的公共交通系统。

六、首尔：以人为本的创新型城市

2015 年 10 月底，美国国家经济委员会和科技政策办公室联合发布了新版《美国国家创新战略》，新战略强调了创新体系是一种生态系统，人是这个生态系统的主体，作为滋生创新的土壤，构建“创新人”的支撑和友好环境具有战略性意义。

可持续的创新生态系统的核心为“4P”要素，即公共部门（Public）、私营企业（Private）、创新民众（People）和创新土壤（Place）。

◆ 公共部门包括高校、科研院所和各种由政府支持的实验室、研发中心和服务机构等创新主体。

◆ 私营企业则涵盖从初创企业、中小企业到跨国企业各类私营部门。

◆ 创新民众则是投入创新活动中的所有人力资本。

◆ 创新土壤也就是创新所需的环境和平台。

本书将通过解读韩国的《经济发展蓝图 2030——首尔式创新经济模式》和《首尔：智慧城市》，探讨并借鉴首尔是如何在城市规划和城市建设中融入了“以人为本”的创新理念的。

图 3-14　首尔

（一）首尔式创新经济模式

韩国首都首尔市于 2013 年发表了《经济发展蓝图 2030——首尔式创新经济模式》，以下简称《2030 首尔规划》。该规划是展望未来 20 年首尔发展愿景的综合性规划，分福利 / 教育 / 女性、产业 / 就业、历史 / 文化、环境 / 能源 / 安全、城市空间 / 交通 / 维护等五大分类，主要内容包括（1）城市愿景；（2）核心主题、主要目标与战略；（3）空间结构与土地利用规划；（4）生活圈规划；（5）规划实施等五个方面。

1. 首个“市民参与型城市基本计划”

《2030 首尔规划》与其他国家城市规划之间的最大区别在于由市民自主提出愿景和实现方向。该规划的初始阶段就提出了首尔的未来需要由实际居住在首尔的市民自主决定的原则，通过问卷调查、协作讨论会等形式，有意识地引导市民直接参与到制定规划中。与普通市民共同探讨首尔的主要变化与对未来的展望，保证让市民充分参与核心主题规划的制定；政府官员、专家、市民等共同参与规划的制定，保证制定过程的公开透明，以求得到广大市民的理解和支持。根据城市发展愿景，经过市民提议与专家协调后，最终将首尔的远景设置为“让市民倍感幸福的城市”，并瞄准这个远景决定五个核心主题：“平等和谐、以人为本的城市”“充满工作岗位与活力的国际化共生之都”“历史源远流长、快乐的文化城市”“充满生机与活力的放心城市”“安居乐业、交通便利的居民共同体之都”。

2. 多中心的空间布局、设定区域交通带、设置公园绿化带

首尔市于 1990 年制定了最初的法定城市基本规划后，一直以来维持了“1 个都心—5 个副都心—11 个地区中心”的发展模式。如今他们决定全面改革为“3 大都心—7 个广域中心—12 个地区中心”的体系。

3 大都心为将原有的都心（汉阳都城）打造成历史文化中心，将江南区设定为国际商务中心，将永登浦和汝矣岛一带设定为国际金融中心；7 个广域中心为龙山、清凉里和往十里、仓洞和上溪、上岩和水色、麻谷、加山和大林以及蚕室。

3. 以生活圈为平台落实 2030 首尔规划的愿景、核心主体目标及空间布局

各具特色的首尔五大生活圈包括：城中圈—强化历史文化中心地位与国际竞争力；东北圈—强化自足功能，创造就业机会，为地区注入活力；西北圈—创新文化产业特色化，促进地区共同体的良性发展；西南圈—通

过准工业区创新，培育新兴产业，强化居民生活基础；东南圈—强化国际商务与商业功能，进行现有居住区规划管理。

4. 构建日常监测体系，加强对规划的实施管理

《2030首尔规划》在实现过程中，重视对规划体系持续进行跟踪管理，监督切实履行计划，以便不断对规划体系进行调整与补充。一是制定不同层次的基本管理规划；二是建立首尔市、首尔研究院、专家、市民等各阶层协作的监测体系，每年发布并公开年度监测报告；三是强化市民参与管理。建立市民参与及沟通体系，原则上首尔的各项规划将由市民、专家等首尔的各阶层代表性人员参与，并实现社会性协商；四是加强广域合作管理，建立首尔、仁川、京畿三市紧密有效协作的基础制度，开发共同议题。五是通过各年度监测，对战略与政策资金投入的规模及优先顺序进行定期审核和调整。

（二）智慧首尔

智慧城市作为创新型城市的标志，首尔市于2015年提出了“智慧首尔”行动计划，该计划通过智能技术建立城市与市民之间紧密而协调的关系，将科学技术和“以人为本”有机结合，注重科技的宏观管理和顶层设计，强调政府提供政策服务和支持，在发展的过程中既发挥产业培养方面的政策主导作用，也调动企业的积极性，促进企业间的良性互动，以创造经济增长新动力，创造新市场及就业岗位的理念，从而不断提高企业的原始创新能力和风险创新能力。成为“新企业不断产生、创新源源不绝”的创新型城市。

早在2004年，韩国先于众多国家发起了U-City计划，U取Ubiquitous（随处可见）首字母，希望能通过普及化的信息通信技术提高城市的综合竞争力。2011年6月，韩国再次以首都首尔为试点，发起“智慧首尔2015”计划，其目标是通过该计划将首尔推举成为全球的ICT领军城市，成为智慧科技用以提升可持续性和竞争力的示范。

“智慧首尔2015”的最大特征在于其“以人为本”的出发点。在最大限度地利用ICT技术的同时，试图建立城市与其居民之间的良好合作关

系，使技术服务于首尔市民。

基于此，根据自身特征和诉求，首尔提出了智慧城市建设的三大支柱：

ICT 基础设施（ICT infrastructure）：智慧城市的成功取决于能否提供足以保证下一代使用的可靠的 ICT 设施，因此需更多考虑未来的服务需求，对其进行科学的预估，而非仅仅着眼于当下的需求。

整合的城市管理框架（Integratedcity-management framework）：通过最严格的标准体系的建立和维护，确保各子系统、元系统和个体，楼宇 - 街区系统等完美整合、高效配合。

智慧科技的使用者（Smart users）：ICT 技术是实现智慧城市的手段，但如果技术的使用者无法与智慧的服务互动，那 ICT 技术将没有效用。因此，智慧城市的首要任务将是扩大智慧设备的使用范围，使各领域、各阶层、各年龄段的人群都能享受到这些服务。

为了能让更多的民众参与到这一项计划中，首尔提出了“人人享受智慧生活”的理念，旨在让更多的人了解并切身感受到智慧城市对生活的积极影响，形成“全民皆智慧”的景象，并从完善智慧基础设施，提供安全服务，开放政府的治理系统和开源数据库，实施在线公共服务预约，提供 3-D 空间信息平台，设计并提供电子综合服务系统等六大措施来保证智慧城市的“全民皆智慧”的理念得到实现。

1. 智慧基础设施

智慧基础设施是指为智慧首尔相关服务提供基础的 ICT 功能架构和设施。最初的智慧服务开发是由首尔市政府发起，现在政府已经将大部分的开发职能移交给居民自己，主要通过开源软件代码及模型得以实现。这样使居民根据自己需求定制服务。建立智慧基础设施的内容包括：全面覆盖的网络、社区地图和智慧表等。

网络全面覆盖：智慧设施强调以居民的需求为主导，以确保所有人的呼吁都将被听到。这种机制的基础是高速宽带及光纤网络，提供 Wi-Fi，NFC（近场通信）等服务，并逐步实现全域的覆盖。首尔市着手在公园、广场和其他公共场所安装免费 Wi-Fi，并于 2015 年完成。公 - 私伙伴关系（Public Private Partnership，PPP）被用于最基本的高速网络推行机制，首尔市鼓励私人机构投资于地铁、公交车、火车等公共交通设施上 Wi-Fi 的安装。截止到 2012 年 3 月，首尔市所有的地铁线路上 Wi-Fi 全覆盖。此外，市政府的“行政 Wi-Fi”也开始对外开放。同时，首尔市政府正在努力推行一项智能工作中心项目，政府员工可以在距离其家最近的 10 个办公室（智能工作中心）上班。在智能工作中心上班的员工可以享用复杂的工作组软件和视频会议系统，从而可以确保虽然不在市政大厅上班却丝毫不影响工作效能。首尔市已在 2015 年开始向其 30% 的员工提供智能工作。

社区地图：首尔市政府希望使更多的居民参与到城市管理中来。为此，通过基于地理信息系统的 ICT 平台绘制社区地图，可以实现居民之间的 peer to peer（端对端）交流。这是在以往市民与市政机构间 one-way（单向）沟通的基础上的一大进步。市民、社会工作者可以通过地图的标定来反映其最基本的诉求，例如，残障人士可以通过智能设备在社区地图上标出哪些地方没有轮椅通道或者对轮椅出行较为危险。该信息将通过地图共享给社区所有成员。随着社区地图包含的内容越来越丰富，其对居民相互间的合作以解决生活中的问题带来了极大的便利。

智能表：首尔市的智能表计划目标可缩减全市能源的 10%，2012 年开始推行的试点项目已经在 1000 户居民家中安装了智能表。智能表为家庭、办公室和工厂提供实时的用电、水、燃气使用量的报告，所有消耗量将以货币（韩元）呈现，并包含具体的能源消耗方式评估及如何节能的建议等。根据对先行的 1000 个家庭的调查，84% 的家庭反映安装了智能表后他们平均每天查看一次或一次以上度数表，60% 的家庭认为该计划对节约能耗有帮助。

2.U- 首尔安全服务

U- 首尔安全服务始于 2008 年 4 月，通过先进的定位服务和闭路监控设备（CCTV）将使监护人和家人得以对孩子、老人以及老年痴呆患者所遇到的突发情况随时掌控。

当手持智能设备的人离开圈定的“安全区域（safe zone）”或者按下紧急求助键，警报将同时上报给监护人、警察、消防中心和 CCTV 控制中心。这些智能设备将免费或以低价提供给低收入人群，特别是弱势群体，到 2014 年已有 5 万个注册用户是面向这些人群的。

3. 开放治理与开源数据

首尔政府非常重视与私人机构及公众共享政府管理的信息。公开信息将有助于私人机构针对公众需求创造性地提出相应地解决方案，例如，公开城市公交车信息和路况信息将有助于移动导航软件的开发。

效仿欧洲和美国政府 2.0 计划（Governance 2.0 Strategies），首尔市提出了首尔政府 2.0 战略，旨在通过 ICT 技术加大政府行政管理的透明度、推动政府与公众之间的交流互动。瞄准这个目标，首尔市于 2012 年 4 月开发建立了“信息共享广场（Information Open Square）”，用来公开其政府文档，包括正在审理的工作文件。除此之外，作为该平台的延伸—“数据共享广场（Open Data Square）”是一个巨大的开源数据库，包括十大门类的数据，包括综合行政文件，福利、文化和旅游，城市管理，环境，治安和安全，教育，健康，产业，经济和交通。以这十大门类为纲，整合 33 个公共信息系统以及 880 个不同种类的数据库，包含的信息从托儿服务到公共交通路线、公交车到达时间再到气象预测。数据以地图、网站链接、图表、元数据等多种形式提供，而且市政府还计划在此基础上再建立 150 个公众信息系统（2011 年仅为 20 个系统）。除了市民的私人信息外，该数据平台将从源头向公众提供几乎所有可获得的信息。

4. 在线公共服务预约

首尔市下一代的网上预约系统将使居民可以查询、预约和支付公共服务。按照计划，系统将为 150 种不同门类提供一站式服务，包括教育、基础设施、文化观光、商贸和医疗等，首尔市的 30,000 公共服务将实现全面的预约网络化。

5.3–D 空间信息平台

从 2001 年开始，首尔市政府开始致力于 3–D 空间系统的开发，试图开发带有 3–D 街景的地图，以便在此基础上提供智能服务。一方面，使用者可以直观感受 3–D 街景，完成虚拟的游览，另一方面，开源系统使之能拓展诸多新功能，例如可以使城市规划师模拟基础设施发展，或者进行视廊分析。

随着系统的不断开发和延伸，该3-D空间信息系统可以作为环境监测、疾病防护以及防灾预警等方面提供帮助，例如，2012年就使用该系统进行了洪水模拟，以判断出受灾最严重的区域，从而建立了较为科学的洪水应急机制。

6. 电子综合服务系统

配合电子综合服务系统的是一种先进的多动能路灯（Complex Street Lamps），这种路灯安装节能规格设计，带有广播功能，可提供Wi-Fi信号，还有媒体板（Media Board）提供播报服务，以及为居民和游客提供公交车行驶信息等其他使用信息，它也将接受遍布各区的绿色电子设备（U-Green）上传感器所采集的空气质量、湿度等信息。

从2009年开始，首尔市开始在市区安装U-候车亭（U-Shelter），亭内安装有交通卡读卡器、远程终端、气象传感器和摄像头等，可以为等车的乘客提供实时的公交查询、目的地查询、路况查询、天气预报等各项服务。据统计，2011年平均每天有2,518位乘客使用该系统。在大学附近的一些候车亭从2011年起还引入了虚拟商店关广告牌（Virtual Store Billboard），乘客可以扫广告牌上的二维码或条形码购买商品，使乘客在等车之余购物，而商品则会寄到家里，该系统更受年轻人的青睐。

NFC支付系统（Near Field Communication）对所有智能移动设备开放，使用者可以选择信用卡或者手机卡支付方式，只需通过安装在智能手机中的特定读写软件即可完成交易。目前首尔有700万部带有NFC芯片的智能手机，超过2.2万家商店提供NFC支付功能，包括超市、便利店、加油站、咖啡馆、商场等。为推广NFC支付，商家通常都会对此提供折扣。张贴在城市各处的海报通常会带有各类产品优惠券，只需用手机采集这些信息便可以优惠的价格购买这些产品。再比如，当进入一家咖啡馆的Wi-Fi覆盖范围时，将智能手机靠近菜单上的食物便可下载优惠券。NFC的智能服务还体现在，当进入电影院的门时，门上的NFC感应器会自动将手机调成震动模式。值得一提的是，NFC所提供的P2P（端对端）支付方式，可以实现两台能手机之间的交易、转账等，将手机靠近并输入pin即可完成该过程。

（三）启示与建议

1. 强调公众参与，体现以人为本

相比技术、投资和政策，市民自身更有可能成为推动变革的重要力量，因为他们更懂得什么是他们以及这个城市所最迫切的诉求。新技术可以为提升生活质量提供诸多选择，然而并非所有市民都能有机会使用，因此让不同类型的社区和更多的人参与其中应当成为智慧城市建设的首要任务。为了促进城市扩张发展、强化城市竞争力，地区均衡发展，使新技术成为服务城市和改善城市人生活的力量，城市规划需要高度的公众参与，倾听市民展望愿景、反映现状问题，保证政府官员、专家、市民等共同参与城市规划的制定，并保证制定过程的公开透明。实现市民向往的生活空间，并实质性改善生活质量。

2. 惠民是第一目标

"智慧首尔2015"的最大特征在于其"以人为本"的出发点。在最大限度地利用ICT技术的同时，试图建立城市与其居民之间的良好合作关系，使技术服务于首尔市民，一切以"惠民"优先。在首尔市政府看来，智能首尔能否实现的一个关键点是提高对智能设备的接入以及教会新用户如何操作它们，从而确保听到每个市民发出的声音。为此，首尔市政府从完善智慧基础设施，提供安全服务，开放政府的治理系统和开源数据库，实施在线公共服务预约，提供3-D空间信息平台，设计并提供电子综合服务系统等处处考虑如何方便市民接入和使用新技术、学会享受智慧生活，方便参与管理。又如从2012年首尔就开始向低收入和其他需要的人群发放二手智能设备。市民被鼓励在购买新的设备时捐赠旧设备，而且当购买50-100美元范围内的设备时可以减免税收，经过厂家的检查和修复后的二手智能设备免费分发给弱势群体等。正是上述多种"惠民"工程的有序开展和发达的网络技术所打下的坚实基础，让首尔市的智能化脚步能够有序而快速地前进。

3. 加强规划的实施管理，坚持持续的监测与评估

对于2030首尔计划，根据城市建设核心主题及目标的主要指标，构建

检测与评估体系，在全面了解规划的实施程度的基础上，对规划的实施程度进行监测与评估并提出年度报告，将结果公布于众，鼓励更多市民持续参与和评价，并将市民反馈意见及时反映到后续规划中。

七、奥克兰：新西兰包容式社会创新之都

全球经济正从工业时代向后工业时代转变，创新作为驱动经济增长的新生产要素，逐渐演变出维度、层次、创新主体各异的范式。偏于世界一隅的奥克兰，是新西兰最大的城市、经济首都和2015年南亚和太平洋地区最具创新力排名第四城市[①]，其在发展企业为创新主体驱动经济增长的同时，举社会之力观照弱势群体，走出了一条包容式社会创新之路，这种蕴含民主和人权、增进社会凝聚力和可持续性的创新范式，具有极大正向性，值得发展中国家借鉴。

包容式社会创新围绕公共及经济政策制定的目标，关注社会底层大众，强调平等享受创新成果；政府和非营利组织作为创新主体，寻求更新、更有效的方法或建立新机构，以应对城市扩张、教育、就业、住房以及人口老龄化等迫在眉睫的公共问题，注重社会效益。奥克兰约占新西兰总人口的三分之一[②]，人口中的青年原住民和低收入弱势群体在外来移民的大量涌入和城市化进程中备受冲击，承受着教育、就业和住房“三座大山”的重压，本书就这三个方面总结奥克兰的包容式创新举措，以期为中国经济新常态下城市保持可持续性发展提供借鉴。

图 3–15　奥克兰

① 资料来源：2015年全球创新指数。

② 资料来源：奥克兰旅游、活动和经济发展局。

（一）教育

新西兰是个多元种族国家，截至 2016 年 1 月，新西兰总人口 464 万，其中欧洲移民后裔占 74%，原住民毛利裔占 15%，亚裔占 12%，太平洋岛国裔占 7%。而奥克兰是世界最具种族多样性的城市排名中位居第四，除了是大多数新移民的首选定居地之外，也是新西兰绝大多数毛利裔的聚居地①，种族的多样性既助推一个城市的文化融合和创新活力，同时也加大了资源配置和平衡发展的挑战。

1. 青年技术网络基金会

2004 年，总部位于奥克兰的青年技术网络基金会，在奥克兰储蓄银行的资助下成立，奥克兰储蓄银行是新西兰最具创新性的银行，自成立以来，不仅在业务、产品和融资服务方面推陈出新，也积极参与社会事业和社会创新。该银行深入社区，把慈善事业聚焦在奥克兰的毛利裔和太平洋岛裔青年群体，迄今已拨款 1500 万美元资助金，鼓励社区就毛利裔和太平洋岛裔青年受教育不足问题提供创新的解决方案。青年技术网络基金会与家庭和社区协作，开设一系列项目学习，向毛利裔和太平洋裔青年提供学习前沿科学技术的机会，来应对信息技术时代的要求。

奥克兰人口的贫富比例比较极端，全国超过一半的最富裕（学校评级为 10）的学生和最贫穷（学校评级为 1）的学生都在奥克兰，居中的学生则较少。2006 年，青年技术网络基金会启动了 274 工作室项目，目标受益人是 16–24 岁来自学校评级 1–3 的在读生。这个项目资助学生学习创意技术的技能，如数字制作、影视制作、动画、3D 游戏、视觉设计和机器人，表现优异的学生将获得学校和社区的表彰。

2. 曼努考家庭扫盲和跨代文凭项目

位于奥克兰南部的曼努考地区，是新西兰经济最落后的区域之一，集聚着大量很少接受正规的学校教育、读写能力低下的毛利裔和太平洋岛裔群体。奥克兰市政府的监管机构——曼努考教育之城基金会于 21 世纪初发起曼努考家庭扫盲项目，提供教学资源和员工培训，至今设立了四个试验

① 资料来源：奥克兰旅游、活动和经济发展局。

区，主要面向这个区域的毛利裔和太平洋岛裔，鼓励并支持他们获得受教育机会。该基金会还通过和上百所中小学以及商业和社区协作，来推进和深化项目的开展，开发出因地制宜、因人而异的个性化实施方案。

该项目采取的是以家长教育结合亲子学习相结合的模式，主要针对那些希望支持孩子学业、但囿于自身受教育程度的家长，每周 30 学时的课程涵盖阅读、写作、计算和育儿和其他基本技能，这样一来，家长帮助自己的孩子提高技能水平的同时，也可以继续参加更高层次的教育项目或顺利就业。其次，参加该项目的儿童在幼儿园和小学阶段学习常规课程，每天和家长拥有 20 分钟的亲子学习时间，课程和活动主题由家庭扫盲教师与家长共同设计，这是该项目的重要一环，体现了让家长和孩子共同学习、参与教育的要义。

2016 年底由毛利裔承包的一个培训机构注册发起了曼努考代际学习证书项目，是对曼努考家庭扫盲项目的延续，该项目开设为期 34 周共 120 个学分的证书，完成学业的学员将获得新西兰基本技能类二级证书。该项目目前有 220 名学员，在奥克兰贫困地区分布有 12 个教学点，主要针对 30 岁以上符合单亲福利计划的毛利裔和太平洋岛裔女性。该证书是新西兰国家资格框架中唯一一个对就业能力和育儿方面全面培训及认证的证书。

曼努考家庭扫盲项目启动至今，超过 90% 的成人学员已经从该项目毕业，其中 3/4 的参与者将继续参加曼努考学位项目，两个项目极大增进了家长对于家庭管理、育儿和社会适应方面的信心，改善了代际关系，为众多家庭注入了对未来的信心。项目的运作跨越了不同的年龄段，背后有社会发展部和高等教育委员会等不同机构的资金支持，是一种打破常规教育模式的创新尝试。

（二）青年就业

据相关统计，全球范围内的青年人口（15–24 岁）失业率近年来处于高位攀升态势，年轻人口失业严重会削弱一个社会的凝聚力和创新力。而由于种族的多样性，新西兰面对的年轻人口失业问题更加复杂，毛利裔和太平洋岛裔青年在就业市场中处于明显劣势，这一点在奥克兰青年人口的失业情况中同样得到了体现。据奥克兰市议会估算，在 15 至 24 岁的青少年族群中，每五人中就有一人处于失业状态，这一状况在毛利裔和太平洋岛裔族群中更为严重：有 1/4 的毛利裔和 1/3 的太平洋岛裔青年处于既无业、又并未在读书或是接受培训的“纯失业”状态，预计到 2021 年，新西兰 36% 的 15–24 岁青少年将是毛利裔、太平洋岛裔和亚裔青少年[①]。

近几年，奥克兰政府出台的几项解决青年失业问题的政策如下：

1. 技能增长项目

酒店业、建筑业和老年医疗保健业等行业，是奥克兰乃至新西兰关注的重点就业补贴行业。技能增长项目与企业联合开展，政府为大量聘请和培训青年人的企业提供相应的补贴。如只要雇主接收并培训一名能达到就业技能水平的青年，企业就会获得平均约 4000 美元的政府补贴，用于补贴雇主培训青年就业技能过程中支出的培训费用。补贴的发放注重青年就业发展的可持续性，涵盖了初期的雇佣入职、培训实习到后期的员工转正之后的职业发展。

2. 青年就业牵引计划

青年就业牵引计划以奥克兰市议会为领导，以位于市中心奥克兰旅游、活动和经济发展局办公室内的牵引中心为综合统筹单位，是一个鼓励企业、奥克兰地方董事会、行业协会、教育服务提供者、家庭等各相关机构及个人参与的协作联盟。奥克兰市长牵头召开青年就业牵引峰会，在地方董事会确立示范项目，通过批准采购项目发挥市政府供给链的杠杆作用，并成立青年顾问小组。牵引中心由奥克兰市议会协同奥克兰旅游、活动与经济发展局、奥克兰社区发展、艺术与文化署等相关机构的高级官员组成管理层，共同设计和执行就业方案。同时鼓励社区的参与，探讨和分享实际就业案例和经验。此外奥克兰市议会积极鼓励企业雇佣青年、鼓励企业家和管理人员加入青年顾问小组，不少企业做出增加青年就业岗位名额的承诺。

3. 毛利裔、太平洋岛裔青年就业计划

位于惠灵顿山的以毛利裔和太平洋岛裔为主的 Sylvia Park 学校启动了

① 资料来源：奥克兰市议会青年就业牵引计划报告。

家庭学校联系项目，一方面让家长了解孩子在校学习情况，另一方面敦促学校不断改善课程质量，更好服务于在校的毛利裔和太平洋岛裔学生，让家长积极投身孩子的教育，共同搭建学生和企业之间的沟通桥梁。C-me传帮带基金会则是通过把企业请进毛利裔、太平洋岛裔学生为主的学校课堂，开展系列主题演讲，让学生体会课程的现实意义，树立对未来的高等学习和就业的信心。由北方基金会发起的毛利裔学生输送项目，联合高等教育机构，通过培训、学徒制和实习制项目，改善奥克兰高等教育机构毛利裔学生的学习积极性和学业成绩，并且通过和企业合作，增加毛利裔学生就业岗位。

4. 综合能力培养计划

除了对青年学业和社会实践技能的提高，奥克兰也十分重视培养和提高青年的综合能力，全面提升青年的就业竞争力。志愿者服务计划注重青年人除专业技能以外的综合能力的培养，由新西兰国防军专门为17岁至25岁的年轻人开办为期六周的激励训练拓展课程，目的是通过提高青年人的自我约束、自我信任、积极性和主动性等能力，引导更多地年轻人积极参与到技能培训或就业中来，提升青年个人素质，获得更多就业机会。

图 3-16　奥克兰大学

（三）公共住房

1. 新西兰公共住房体系

新西兰的公共住房体系以完善的衡量标准为支撑，是一套涵盖保障人群、准入标准、退出机制、保障成果等内容的一揽子住房考察体系。对人群的精细区分和需求的满足是新西兰公共住房政策达到最佳效果的关键。新西兰政府将居民分成九类：高收入家庭、低收入家庭、租户、毛利裔和太平洋岛裔、移民、单亲家庭、残障人士、老年人和青年（初次置业者）。低收入、租房困难的人群是政府提供公共住房服务的重点保障对象。新西兰的保障性住房一般由中央政府、地方政府与第三方部门提供，社区和慈善机构是第三方部门中的主力军，以低于市场租金的价格出租给低收入人群。新西兰中央政府提供的住房保障服务主要包括：国家住宅服务输出；住宅补贴；毛利裔国家住宅服务；非国家住宅社会住宅促进。

为了建构更具针对性、个性化和多层次的住房保障体系，定期的市场调研显得十分必要。以毛利裔为例，新西兰房屋署每年对毛利裔的住房情况进行全面调查，最终形成的报告包括：人口情况、住房援助、住房可支付性、合适性、宜居性、占有的安全感、住房占有率、租住情况、房屋质量、未来人口结构变化，并由此得出的专门针对改善毛利裔居住水平的住房政策建议。对其他弱势群体的住房保障同样做得细致入微、维度不同，对太平洋岛裔、移民和首次置业的青年都有针对性的公共住房战略。

新西兰对住房的维度的考察有独创性，以可支付性和占有的安全感为例。可支付性指家庭在住房上的开销与他们的能力之间的匹配程度，新西兰不是采取通用的中位数的房价和中位数的收入，而是采取具有 2~3 个卧室的住所的下四分位房价和工薪阶层家庭下四分位的收入比作为基准，为了考虑利率变化因素，奥克兰研究机构进一步收集中位数住房价格、家庭平均收入和利率，计算出奥克兰地区住房可支付性明显高于新西兰全国水平。为了满足人们占有住房的安全感，即对住房有尽可能大的自主权，新西兰政府不仅调查现有的住房情况，同时进行跟进调查，显示出对弱势群体完善的人文关怀。

图 3–17　奥克兰郊外

2. 奥克兰社区在住房保障体系中的作用

在奥克兰住房压力日益增加的严峻形势下，传统的疏解方法已经显得力不从心，奥克兰社区在公共住房保障体系中成为一个重要的第三方提供者，对化解低收入人群的住房危机发挥着关键作用。例如，奥克兰社区住房发展组织网络由十家社区住房组织构成，近年来积极寻求突破，提供更加富有创新性的举措，为当地人尤其是中低收入家庭提供了更多灵活的住房选择。Monte Cecilia 住房信托基金是一家专注于为低收入家庭提供紧急住房的组织，它可提供 3~24 个月的紧急周转住房，住户可以在这段时间开展稳健的银行储蓄计划、学习家庭财务管理技能并从各种其他扶持服务中获益，以渡过眼前的危机为将来赢得时间。另一个名为仁人之家的社区住房保障组织，则致力于为现有家庭的住宿提供多种个性化的附加服务，帮助缩减家庭的日常开支，提升住房的宜居性。自 20 世纪 80 年代末至 90 年代初，随着新西兰经济体制的改变，政府开始接受大批来自亚洲地区的亚裔移民。目前，亚裔人口占全国人口总数 6.6% 左右。其中来自中国大陆，台湾，香港，马来西亚，新加坡及其他亚洲地区的华人移民约占一半左右。总部位于奥克兰的华人社区服务中心积极投入面向老年华裔移民的住房保障服务，作为新西兰政府核准的社会房屋服务机构，于 2016 年 2 月启动和政府合作共同投资的第一个社会房屋项目，该项目计划在奥克兰 Panmure 区商业中心建造 36 个单元的公寓式住宅提供给华裔的老人。

（四）启示与建议

综上所述，奥克兰的包容式社会创新着眼于弱势群体的需求，通过自下而上的商业化手段对需求进行细致分析和区分，以政府主导、各利益方和社会部门协作为运作模式。其次，这种创新融入了新的内涵，政府对社区、家庭和企业资源进行灵活和高效配置利用，体现资源节约的精神，提供的产品和服务既适用、可支付得起，又不失技术含量，同时强调创新过程的精心策划，如提供创意技术技能教育、家庭学位教育项目、增进就业竞争力的综合能力培训以及低收入人群住房的附加服务等，即包容式创新不等同于低技术含量。最后，奥克兰社区作为政府联系居民的社会组织，发挥了连接政府、家庭、产品和服务提供者、企业等各方和弱势群体的纽带作用，同时承担保障服务提供的重要职责，超越了其仅仅满足居民基本生活的传统角色定位。

伴随着中国经济从高速转向中高速增长态势、城乡区域不断缩小、要素和技术驱动逐渐被创新驱动代替，包容式社会创新范式倡导为弱势群体消除生存、享受创新方面的权利贫困以及由此产生的社会排斥，对于中国城市和谐共生和可持续性发展具有重要的启示。

1. 把对弱势群体进行多维度、多层次分类作为出发点，完善城市保障服务体系

中国贫富差距逐年拉大，中低收入家庭仍占较大比重。据统计，2009 年，我国中等偏下及低收人群体约占 45% 左右，中等偏下及低收入群体是创新产品市场被忽视的群体，特别是约占 25% 的低收入群体在创新成果享有率上明显低于其他收入阶层，这些低收入群体多为城市外来务工、缺乏技能的非稳定就业者。外来农民工这一典型的弱势群体，杂居在城市的各个社区。因此，政府的人口统计应该对农民工群体进行多维度、多层次的分类。以青年农民工教育需求为例，30 岁以下青年农民工的继续教育有

参与程度低、教育内容低端以及职业教育和素质教育相脱节等问题[①]，政府应该建立项目拨款机制，加大投入力度，消除户籍制约，结合互联网+、云计算、大数据等新技术的广泛应用，利用新型信息技术推动继续教育发展，通过补贴鼓励企业对青年农民工开设在职培训，也可以借鉴奥克兰家庭学历项目采取学历化教育模式。

2. 健全社区服务和保障功能

单纯地维护社区秩序、负责收发证件和收取社区管理费是传统的社区服务，而对如农民工这样的弱势群体缺乏有效完善的帮扶。社区应该作为国家保障制度的落脚点，为社区的弱势群体提供社会救助的审查和发放、失业保险、就业和技能培训等服务。政府可以给予社区相应的灵活补贴，鼓励社区建立就业信息平台，积极搭建求职者和企业之间的桥梁，同时可以提供社区内部家政、保洁等工作岗位；此外，社区可以充分利用各类社会组织和媒体，来开展提高农民工城市生活能力的培训工作，包括城市生活的基本知识、城市生活中各类信息的获得渠道、城市中公共管理和社会服务体系以及相关组织机构的基本知识等，以提高农民工工作搜寻能力、捕捉创业机会能力、人际交往能力、心理调适能力、利益表达能力和自我保护能力等等。

① 资料来源：《2015 年全国农民工监测数据调查报告》。

八、特拉维夫：世界创业国度

以色列在世界上享有"创业国度"的美誉。据统计[①]，以色列平均每天有 2 到 3 家创业公司成立，每 1,600 人中就有一个开创公司。对于一个人口只有 800 万、面积只有 2.6 万平方公里的小国来说，创业企业的密度在世界上名列前茅。以色列创业企业聚焦于高科技创新，800 万人口中有 23 万从事科技产业，出口额中超过 1/4 来自于科技产业。人均风险资本投资远超世界其他国家。在世界经济论坛（World Economic Forum）发布的《2014-2015 全球国家城市竞争力报告》中，以色列创新能力居全球第三位[②]。

图 3-18　特拉维夫

特拉维夫是以色列第二大城市，也是这个国家的创新中心。2014 年，

① 数据来自于以色列创业地图网站 https：//mappedinisrael.com。

② 数据来自于世界经济论坛网站 https：//www.weforum.org

以色列全年有3,389家创新企业登记注册，特拉维夫就有972家[①]。特拉维夫创新模式有两个最重要特点：一是以中小企业（初创企业）为主，二是聚焦高科技创新。目前共有1,515家高科技企业，其中约1000家企业处于早期阶段[②]。经过多年发展，特拉维夫已经成为世界著名的创新城市，2013年被华尔街日报评为“世界上最具创新力的城市之一”。2016年因成功协助美国联邦调查局破解苹果手机而名声大噪的高科技公司Cellebrite就坐落于特拉维夫大都会区[③]。

（一）特拉维夫创新概况

特拉维夫市区面积52平方公里，人口约42万，人口密度8,100人每平方公里。人口中犹太人占91%。就业人口中跟科技相关的大约有23%。2014年市政收入约为74.6亿元，过去15年间，市政收入增加了90%。超过71%的房产税来自于企业缴纳，个人住宅缴纳房产税不足29%。这也表明了特拉维夫创新企业的蓬勃态势。

将区域扩展到“特拉维夫—雅法大都会区”，我们发现该都市区半径60公里，人口约360万，约占以色列人口的45%。74%的居民都是劳动力。2014年经购买力平价[④]调整的GDP约为1,530亿美元，不到同期估算的北京数值的1/3[⑤]。如果以大都会区人口密度测算，特拉维夫集中的高科技企业世界排名第二，仅次于硅谷。

近年来，特拉维夫科技初创企业日益增多，从2012年至2014年，创新企业的数量增加了40%[⑥]。此外，跨国公司在特拉维夫设立的研发中心近年来也开始逐渐增加，从34家增加到了49家，其中包括谷歌、脸谱、三

① 数据来自于环球时报。http：//msn.huanqiu.com/world/exclusive/2015-09/7532949.html

② 数据来自于环球时报。http：//msn.huanqiu.com/world/exclusive/2015-09/7532949.html

③ 资料来自于彭博新闻社 http：//www.bloomberg.com/news/articles/2016-03-30/fbi-said-to-work-with-israel-s-cellebrite-to-crack-iphone

④ 购买力平价调整，英文称为PurchasePowerParity，缩写PPP，是一种根据各国不同的价格水平计算出来的货币之间的等值系数，使我们能够在经济学上对各国的国内生产总值进行合理比较，这种理论汇率与实际汇率可能有很大的差距。

⑤ 数据来自于布鲁金斯基金会估计，https：//en.wikipedia.org/wiki/List_of_cities_by_GDP。根据该基金会用同样方法估计，2014年北京经购买力平价调整GDP为5,061亿美元。

⑥ 数据来自于环球时报。http：//msn.huanqiu.com/world/exclusive/2015-09/7532949.html

星、德国电信、微软、雅虎、3M、LG。同期，各种创新中心、公共工作空间、加速孵化器的数量也从21家增加到50家。

目前特拉维夫逐渐形成了互联网、通信、信息技术与软件和生命科学四个主要的产业集群。高科技项目投资金额逐年增加。自2010年到2013年高科技创新企业投资推出的成交金额总额为33.9亿美元，逐年成交金额分别为3.4亿美元、9.7亿美元、5.5亿美元和15.1亿美元[①]。

特拉维夫成功原因可以归结为两个主要层次，一是以色列所处地缘政治、资源禀赋、犹太文化和教育、高额研发投入等国家层面因素，二是特拉维夫市政府积极管理、努力作为等城市层面因素。

（二）创新政治经济背景

1. 地缘政治

自新中国成立以来，以色列与周边阿拉伯国家之间关系一直较为紧张。以色列唯有大力发展军事科技，才能获得生存发展的空间。这给以色列经济发展带来了两个方面影响：一是军事技术民用化。政府投入大量资本进行军事技术研发，研究成果在应用到军事领域的同时，也有相当部分应用在民用领域，带动了民用技术的发展。二是军事创新系统培育了大量人才。以色列采取“全民皆兵”的兵役体制，所有高中生都必须参军，然后在其中挑选最优秀的进入军队研发系统，在全国最好的专家领导下进行研究。

2. 资源禀赋

以色列土地贫瘠，建国初期近2/3土地被沙漠覆盖。水资源极端短缺，根据联合国水资源组织的数据显示：以色列人均水资源可利用量仅为270立方米，不足世界人均水平的3%，可耕地不足20%。马克·吐温曾将其称为“荒凉、贫瘠、没有希望的土地”。不夸张地说，除了科技创新之外，以色列找不到其他经济发展道路。著名的“滴灌”技术就是在这种背景下发明并推广开来。今天，以色列80%以上的污水都能够回收再利用[②]，

① 数据来自于环球时报。http：//msn.huanqiu.com/world/exclusive/2015-09/7532949.html

② Brenner，A.，2012.‘LimitationsandChallengesofWastewaterReuseinIsrael，’CleanSoilandSafeWater：NATOScienceforPeaceandSecuritySeriesC：EnvironmentalSecurity，pp.3-9.

远超世界上其他国家，同期美国只有2%–3%[①]。90%以上的粮食依靠自己生产，其农业产品甚至占据了40%的欧洲瓜果、蔬菜市场。同时狭小的面积，使得人与人之间沟通交流非常便利，利于信息传播，想法碰撞。

3. 文化和教育背景

犹太人喜欢提问题，犹太文化和教育体系也鼓励提问题，认为任何观点都可以被质疑，“即使是上帝，也可以商量”[②]。鼓励抛开分歧，通过思辨来探求真相和真理，是犹太文化一个非常重要的部分，也为以色列创新提供了丰厚的精神土壤。

4. 高额的研发投入

从1999年到2010年的10年间，以色列的研发占GDP比重约为5%，超过以科技著称的美国、日本和德国，居于世界首位，2010年后被韩国赶超。以色列之所以有大量初创企业，一方面是政府的各类资金支持，另一方面是与以色列成熟、活跃而庞大的风险资本市场密切相关。根据以色列IVC咨询公司的数据，2014年以色列人均风险投资约为425美元，同期美国只有147美元[③]。

（三）特拉维夫的努力

除了上文所阐述的国家层面原因，特拉维夫市政府的成功经验可以概括为全力搭建利于创新创业的生态系统。其具体做法有以下几个方面：

1. 明确发展目标，大力招商推介

2010年，特拉维夫专门成立了“全球城市行动办公室”来统筹确定城市定位和发展路径，将城市定位确立为“永不停息的创新创业城市”，重点扶持中小型科技初创企业，并将构建全球创新中心作为整个城市工作主题，在世界各国重点城市进行宣传和招商。从举办“DLD特拉维夫创新

① Tal, A. andA. AbedRabbo（eds.）(2010), WaterWisdom: PreparingtheGroundworkforCooperativeandSustainableWaterManagementintheMiddleEast, RutgersUniversityPress: NewBrunswick, NJandLondon.

② 安天佑，犹太学者：你可能误解了“犹太教育”，http://inews.ifeng.com/yidian/46578725/news.shtml?ch=ref_zbs_ydzx_news。

③ 文中使用数据根据IVC咨询公司数据计算而来，计算方式为：IVC公布的2014年度风险投资总额除以当年常住人口总数。

节”，建设“国际媒体枢纽空间”，到邀请世界各国媒体前来报道，特拉维夫市政府在招商推介方面不遗余力。

2. 围绕创业者需求，提供全方位服务

特拉维夫市政府围绕中小科技企业创业需求，整合市政和社会资源，提供覆盖创业全流程全方位的服务。一是为创业年轻人提供几乎免费的创业咨询服务，包括信息服务、创业导师服务、与技术专家以及投资人见面、与其他创业家一起共享工作空间等。特拉维夫市政府推出了一个专门服务创业者的网站[①]，将创业所需信息“一网打尽”。二是为初创企业提供价格低廉的共同办公场地。例如对一些初创企业提供3个月一次性收费300美元的一站式服务。值得学习的是特拉维夫对市政资源的整合利用，如特拉维夫市政府创新性地将部分图书馆、咖啡厅改造转变为共创空间。这些公共办公空间的存在极大促进了创业者之间的交流，激发了相互创业想法和热情，也利于相互帮助。三是为初创企业提供相应的税收优惠政策。特拉维夫对初创科技企业提供最高达66%的税收优惠。四是政府对一些初创企业进行直接投资。政府一旦将资本注入之后，就将其所有权和使用权彻底交给企业。企业失败，无须返回资本；如果成功，则需逐年返回资本。

3. 打造适合年轻人生活的城市和文化

在特拉维夫，18–35岁中的人口占总人口33%以上[②]，这些年轻人大多为大学毕业生和外来寻求创业机会的年轻人。特拉维夫努力构建吸引年轻人的生活方式，从覆盖全城的免费wifi，到自行车共享系统，以及各种免费文化活动。

---

① 该网站名为“特拉维夫创业之城（Tel – avivStartupCity）”，网址是：http：//www.telavivstartupcity.com。

② 数据来自于特拉维夫市政府网站，https：//www.tel-aviv.gov.il/en/abouttheCity/Pages/CityinNumbers.aspx

图 3-19　特拉维夫歌剧院

图 3-20　雅法古城

4. 加强国际合作，吸引全球创业者

为了社会和城市生态系统更好地发展，利用创意、文化、背景和经验来拓宽初创企业的视野是十分重要的。对于特拉维夫来说，一个主要的障碍是 98% 都是犹太人，而硅谷有 50% 的初创员工都是外国人。因此，特拉维夫市政府提出了一个“城市间”的合作项目，与柏林、伦敦、巴黎、纽约等国际城市进行合作，鼓励一个城市的企业家在另外一个合作城市工作和开展事业。申请该项目的企业家可以在共创空间获得一个免费的工位，一位创业导师，可以与自己从事领域的初创企业联系。特拉维夫正在尝试开发“创业签证”项目，鼓励外国人才迁往特拉维夫。目前特拉维夫与北京、南京等中国城市间的合作也在日渐加强。

5. 开放城市数据，激发创新活动

特拉维夫市政府将市政数据库的非保密信息向公众开放，包括社区服务、文体活动、公共卫生、市政预算、统计数据等140多个数据库，让创业者据此开发各类服务性应用，而且经常组织技术开发竞赛来激发创新活动。例如2013年获奖应用——“下一场战争（The Next War）”，可帮助用户在下一次区域冲突发生时，最快地找到防空掩体、获得急救信息，被开发者称为“下一个救命应用”[①]。

6. 采用公私合作，提升管理水平

特拉维夫在创新园区、资金等管理模式上，多采用公私合营合作模式。例如以色列最大的高技术园区—特拉维夫Atidim高技术园是由特拉维夫市政府和特拉维夫大学联合兴办，但是以私人公司形式注册和经营管理。同时，特拉维夫市政府对一些初创企业的直接投资，也通过要求私人投资企业配套资金，或者将其所有权和使用权彻底交给企业的模式来运作。

（四）对中国城市的启示

从特拉维夫市政府打造“全球创新中心”，扶持中小企业创新创业的经验不难发现，与其他全球创新城市类似，在打造创新城市过程中，特拉维夫市政府也主要致力于整合政府、大学、企业以及创业者等各方面的人力、技术、资本、土地等资源，为中小企业提供良好的创新创业生态环境。但在如何整合这些创新资源上，特拉维夫有几点做法值得中国借鉴。

1. 融合各方优势，创新管理模式

创新是一种创造性活动，需要一定时间积累，也具有一定偶然性，因此往往需要较为包容和宽松的环境。而这与世界各国政府的天然特点（基于成本的预算机制、部门之间互设壁垒、审计和问责系统、绩效导向的升迁机制等）存在一定的冲突。但在促进和推动创新过程中，各级政府作用无可替代，也责无旁贷。从特拉维夫经验来看，处理好政府和市场关系，

① 关鹤，特拉维夫：智慧城市未必高端复杂，来源：东方早报。

政府“主建主办”，企业“主管”，成立专门的非政府机构或者与现有非政府机构合作来运营创业园区、共创空间、扶持基金、信息平台等，有利于促进创新。

2. 提升城市魅力，吸引全球人才

人才是创新最重要资源，而多元文化背景人才集聚和交流更是创新活动的重要条件之一。近年来，随着通信、互联网、交通等科技的进一步发展，全球化程度进一步加深，人才全球化流动逐渐成为趋势。无论是硅谷，还是特拉维夫，都将自身定位为全球创新中心城市，并下力气在全球范围内进行推介。中国在科技创新城市建设中，应积极推动市民参与到城市发展讨论和行动中来，提高城市治理水平，打造开放包容人性的多元文化，提升城市魅力，先要栽好梧桐树，同时也要在国际上积极推介，加强与国际城市间交流，最终引得凤凰来，吸引全球人才到中国来创新创业。

3. 政府多措并举，支持中小企业

中小企业发展需要扶持。政府可以从政府采购、办公空间优惠、税收优惠、投资基金支持等多种措施来帮助创新型中小企业发展。特拉维夫经验告诉我们，很多中小企业甚至是初创公司的技术解决方案，其实也可以发挥很大作用。政府并非一定需要为某些城市问题而采购IBM、思科等规模庞大的集成商所提供的技术方案。同时，为科技初创企业提供大幅优惠甚至免费办公空间，以及税收优惠和投资基金支持，对于很多科技初创企业穿过“死亡之谷”，迈向市场和商业化有很大作用。

4. 开放数据资源，创造创新机会

很多初创科技企业以数据为生。政府每年有交通、社区服务、文体活动、公共卫生、统计数据等方面的大量数据，但是政府本身往往没有足够能力去处理。如果将这些数据分享给社会公众，就可能会促进诞生更多初创企业。如果能够通过设置竞赛的方式加以引导，也可能会给城市治理带来很多意想不到的好方法。

参考文献

[1] Mariana Mazzucato. The Entrepreneurial State：Debunking Public vs. Private Sector Myths. Anthem Press，2013.

[2] Richard M. Locke & Rachel L. Wellhausen. Production in the Innovation Economy. The MIT Press，2014.

[3] Simon & Schuster. The Innovators：How a Group of Inventors，Hackers，Geniuses，and Geeks Created the Digital Revolution. Walter Issacson.

[4] Viktor Mayer-schonberger & David Lazer. Governance and Information Technology：From Electronic Government to Information Government. The MIT Press，2007.

[5] Henry Chesbrough，Wim Vanhaverbeke & Joel West. Open Innovation：Researching a New Paradigm. Oxford University Press，2006.

[6] Scott Berkun. The Myths of Innovation. O' Reilly Media，2007.

[7] Acemoglu D，Robinson J A. Economic backwards in political perspective [R]. NBER Working Paper，2002.

[8] Joel Mokyr，the contribution of economic history to the study of innovation and technical change：1750-1914. Handbooks in Economics.

[9] Schumpeter，J.A.（1934）.Theory of Economic Development. Cambridge，MA：Harvard University Press.

[10] Leonid Kogan，Dimitris Papanikolaou，Amit Seru，Noah Stoffman，Technological innovation，resource allocation，and growth. The Quarterly Journal of Economics，2017，665-712.

[11] 熊彼特.《经济发展理论》. 商务印书馆，2000.

[12] 罗伯特 D. 阿特金森，史蒂芬.《创新经济学：全球优势竞争》. 科学技术文献出版社，2014.

[13] 托克维尔.《论美国的民主》. 商务印书馆，1988.

[14] 阿西莫格鲁.《国家为什么会失败》. 湖南科技出版社，2015.

[15] 费尔普斯.《大繁荣》. 中信出版社，2013.

[16] 萨克森宁.《地区优势：硅谷和 128 公路地区的文化与竞争》. 上海远东出版社，2000.

[17] 易杰雄.《创新论》. 安徽文艺出版社，2000.

[18] 黄亚生，王丹，张世伟.《创新的创新》. 浙江人民出版社，2016 年.

[19] 詹·法格博格，[美] 戴维·莫利，[美] 理查德·纳尔逊.《牛津创新手册》. 知识产权出版社，2009 年.

[20] 威廉·鲍莫尔,《创新：经济增长的奇迹》，中信出版社，2016 年.

[21] 威廉·伊斯特利,《经济增长的迷雾：经济学家的发展政策为何失败》，中信出版社，2016 年.

[22] 林毅夫. 李约瑟之谜、韦伯疑问和中国的奇迹：自宋以来的长期经济发展. 北京大学学报（哲学社会科学版）2007.（7）：6–9.

[23] 文贯中. 中国的疆域变化与走出农本社会的冲动. 经济学季刊.2005，（1）：519—538.

[24] 姚洋. 高水平陷阱——李约瑟之谜再考察. 经济研究，2003，（1）：71—79.

[25] 诺思. 经济史上的结构与变迁（中译本）. 上海：上海三联书店，1991.

[26] 奥尔森. 通向经济成功的一条暗道. 比较.2004，（11）：9 32.

[27] 罗·肯尼迪. 大国的兴衰. 北京：中国经济出版社，1989.

[28] 黄仁宇. 十六世纪明代中国之财政税收 [M]. 北京：生活·读书·新知三联书店，2001.416—429.

[29] 达仁·埃塞姆格鲁. 西蒙·约翰逊，詹姆斯·罗宾逊. 制度：长期增长的根本原因 [J]. 南大商学评论，206，（3）：1—17.

[30] 王宪昌，李约瑟. 难题的数学诠释：数学文化史研究的一个尝试 [J]. 自然辩证法通信，196.（6）.

[31] 谢尔巴科夫，苏联科学活动的效果，北京：科技文献出版社，1987 年.

[32] 肖巍，“创新”缺失——前苏联体制的一个教训，自然辩证法研究，2000 年 5 月.

[33] 盐野七生，文艺复兴是什么，北京：中信出版社，2017.

[34] 布克哈特，意大利文艺复兴时期的艺术，商务印书馆，2010 年.

[35] 梁小民，究竟谁才是苏联的掘墓人？东方早报，2011 年 06 月 13 日.

[36] 各国科技要览——40 个国家的科学技术，北京：科技文献出版社，1991 年.

[37] 杨小凯，2003，社科文献出版社，新兴古典经济学与超边际分析. 第 4 页.

[38] 乔治·吉尔德著，蒋宗强译，知识与权力——信息如何影响决策及财富创造，中信出版社，2015.

[39] 彼得·德鲁克，九十年代的管理，上海译文出版社，2008.

[40] 加里·贝克尔 [美]. 人力资本 [M]. 机械工业出版社，2016.

[41] 拉斯·诺斯 [美]. 制度、制度变迁与经济绩效 [M]. 格致出版社，2014.

[42] 康芒斯 [美]. 制度经济学 [M]. 商务印书馆，1962.

[43] 罗纳德·科斯 [美]. 财产权利与制度变迁 [M]. 格致出版社，2014.

[44] 戴维·罗默 [美]. 宏观经济短期周期 [M]. 武汉大学出版社，2016.

［45］阿瑟·奥沙利文［美］. 城市经济学（第 8 版）［M］. 北京大学出版社，2015.
［46］藤田昌久［日］，保罗·克鲁格曼［美］，安东尼·J·维纳布尔斯［美］. 空间经济学：城市、区域与国际贸易［M］. 中国人民大学出版社，2011.
［47］藤田昌久［日］，雅克－弗朗索瓦·蒂斯［法］，石敏俊［中］. 集聚经济学——城市、产业区位与全球化（第二版）［M］. 格致出版社，2016.
［48］简·雅各布斯［加］. 美国大城市的死与生［M］. 译林出版社，2010.
［49］爱德华·格雷泽［美］. 城市的胜利［M］. 上海社会科学院出版社，2012.
［50］乔尔·科特金［美］. 全球城市史［M］. 社会科学文献出版社，2014.
［51］杰瑞德·迪安［美］. 大数据挖掘与机器学习：工业 4.0 时代重塑商业价值［M］. 人民邮电出版社，2015.
［52］彼得·德鲁克［美］.21 世纪管理的挑战［M］. 机械工业出版社，2009.
［53］迈克尔·哈默［美］，詹姆斯·钱皮［美］. 企业再造［M］. 上海译文出版社，2007.
［54］彼得·圣吉［美］. 第五项修炼：学习型组织的艺术与实践［M］. 中信出版社，2009.
［55］亨利·丘吉尔［美］. 城市即人民. 华中科技大学出版社［M］.2016.
［56］首都科技发展战略研究院. 首都科技创新发展报告（2013）［M］. 科学出版社，2014.
［57］首都科技发展战略研究院. 首都科技创新发展报告（2014）［M］. 科学出版社，2015.
［58］首都科技发展战略研究院. 首都科技创新发展报告（2016）［M］. 科学出版社，2016.
［59］关成华. 大数据视阈下的治理创新［J］. 中国浦东干部学院学报，2016（3）.
［60］赵峥. 科技创新驱动中国城市发展研究［J］. 学习与探索，2013（5）.
［61］赵峥. 北京建设全国科技创新中心城市的战略思路和评价体系［J］. 中国发展观察，2015（6）.
［62］杨俊一. 制度变迁与管理创新［M］. 复旦大学出版社，2000.
［63］孟浩，何建坤. 创新人假设：创新管理的理论基础［J］. 科技管理研究，2006，（4），172–175.
［64］陈劲、王焕祥等. 创新思想者：当代十二位创新理论大师［M］. 北京：科学出版社，2011，（6），35.
［65］都阳，蔡昉，屈小博，程杰. 延续中国奇迹：从户籍制度改革中收获红利［J］. 经济研究，2014，（8），4–13.
［66］杜谦，宋卫国. 科技人才定义及相关统计问题［J］. 中国科技论坛，2004，（5）.
［67］刘上海. 科技创新人才与高科技企业产值的关系研究［J］. 统计与决策，2010，（22）.

[68] 洪清玲，齐严. 创新人才概念及培养的文献综述 [J]. 特区经济，2013，(10).

[69] 梁拴荣，贾宏燕. 创新型人才概念内涵新探 [J]. 生产力研究，2011，(10).

[70] "A STRATEGY FOR AMERICAN INNOVATION", National Economic Council and Office of Science and Technology Policy, October 2015.

[71] "2030 Seoul Master Plan"，首尔市政府官网：www.seoul.go.kr，2017 年 2 月 21 日.

[72] "2030 年首尔城市基本规划"，《北大方极 - 未来城市》，第 240 期，2016 年 11 月 5 日.

[73] 王周杨，"2030 首尔规划概要与特点解读"，《上海经济》，2015 年 08 期.

[74] "他山之石：2030 年首尔城市基本规划"，上海 2040 网站，2014 年 5 月 24 日.

[75] "创新经济引领城市发展"，科技日报，2014 年 4 月 22 日.

[76] "Smart Cities Seoul：a case study", ITU-T Technology Watch Report, February 2013.

[77] 周君，"智慧城市：韩国首尔"，http：//www.fanhuazhida.com/csgh/shiye-1789-1.html，2015 年 7 月 1 日.

[78] L. Wirth, "Urbanism As a Way of Life", The American Journal of Sociology, 1938，44，1：1-24.

[79] Krugman, Paul. "Increasing Returns and Economic Geography", The Journal of Political Economy, 1991, 99，3：483-499.

[80] 赵峥. 亚太城市绿色发展报告：建设面向 2030 年的美好城市家园 [M]. 中国社会科学出版社，2016.

[81] Hospers，G-J. Creative Cities in Europe：Urban competitiveness in the knowledge economy，2003（5）：260-269.

[82] Taylor，P.J. "On city cooperation and city competition" in B. Derudder, M. Hoyler, P. J. Taylor and F. Witlox (eds), International Handbook of Globalization and World Cities. Cheltenham, UK：Edward Elgar, 2012.56 -63.

[83] 赵峥. 城市创新发展的导向与路径，中国国情国力，2017（4）：51-54.

[84] 高颖，张秀兰. 我国特大城市人口结构特点及变动趋势分析以——北京为例 [J]. 人口学刊，2016，38（2）：18-28.

[85] 周晓津，姚阳. 基于大数据的京沪人口流动流量流向新变化 [J]. 大数据，2016，2（3）：49-59.

[86] 刘月，段晓华. 人口老龄化对社会经济发展影响的测算 [J]. 统计与决策，2017（16）.

[87] 胡雯，李建新. 中国城镇居民收入的性别差异研究——以北京、上海、广东三地为例 [J]. 人口学刊，2014，36（1）：89-96.

[88] 王黎恺. 社会资本与城市居民的受教育程度及收入水平 [J]. 现代管理科学，2014（7）：118-120.

[89] 尹博，冯霞. 北京体育文化创意产业研究 [J]. 体育学刊，2010，17（6）：21-24.

[90] 和立新，姚路嘉. 北京国际体育中心城市与世界城市融合建设研究 [J]. 山东体育学院学报，2017，33（3）：19–25.
[91] 洪涓，刘甦，孙黛琳，付建文. 北京与伦敦文化创意产业发展比较研究 [J]. 城市问题，2013（6）：38–41.
[92] 王静，王玉霞. 北京博物馆文化旅游服务质量提升研究 [J]. 北京联合大学学报（人文社会科学版），2017，15（3）：26–30.
[93] 李晓壮. 常住外来人口社会阶层结构分析与治理对策——以北京为例 [J]. 理论月刊，2016（4）：128–132.
[94] 林广. 20 世纪纽约移民与社会重构 [J]. 华东师范大学学报（哲学社会科学版），2003,（05）：79–86+124.
[95] 姜紫莹. OneNYC：“一个纽约”规划概要 [J]. 上海经济，2015,（09）：57–62.
[96] 曹莉萍，周冯琦. 纽约弹性城市建设经验及其对上海的启示 [J/OL]. 生态学报，2018,（01）：1–10（网络优先出版）.
[97] 毛新雅，彭希哲. 伦敦都市区与城市群人口城市化的空间路径及其启示 [J]. 北京社会科学，2013,（04）：139–146.
[98] 吴雪明. 世界城市的空间形态和人口分布——伦敦、巴黎、纽约、东京的比较及对上海的模拟 [J]. 世界经济研究，2003,（07）：22–27.
[99] 陆军，汪文姝，宋吉涛. 纽约、东京与伦敦的人口规模演变 [J]. 城市问题，2010,（09）：84–90.
[100] 王桂新. 人口与发展：上海、东京的比较 [J]. 复旦学报（社会科学版），2003,（06）：10–17.
[101] 战雪. 世界级城市人口变迁：过去的纽约和未来的北京 [J]. 中国房地产，2017,（23）：76–79.
[102] 陈佳鹏，黄匡时. 特大城市的人口调控：东京经验及其启发 [J]. 中国人口 . 资源与环境，2014，24（08）：57–62.
[103] 左学金，王红霞. 大都市创新与人口发展的国际比较——以纽约、东京、伦敦、上海为案例的研究 [J]. 社会科学，2009,（02）：44–52+189.
[104] 任远. 塑造移民城市增强城市发展的人口活力 [J]. 探索与争鸣，2003,（09）：37–38.
[105] Mäki，Uskali. The methodology of positive economics：[M]. Cambridge University Press，2009.
[106] 罗卫东编选，罗卫东. 经济学基础文献选读 [M]. 浙江大学出版社，2007.
[107] 张翔. " 假设的真实性 "：科斯与弗里德曼的 " 和而不同 " 之处——兼谈社会学研究中的 " 理性人 " 假设 [J]. 社会学评论，2015，3（6）：17–27.
[108] Lewis W. Competitive strategy，Michael E. Porter，The Free Press，New York，1980. No. of pages：396. Price：$15.95 [J]. Strategic Management Journal，2010，2（1）：93–

95.

[109] Miles R E, Snow C C, Meyer A D, et al. Organization Strategy, Structure and Process[J]. Academy of Management Review, 1978, 3 (3).

[110] March J G. Exploration and Exploitation in Organizational Learning [J]. Organization Science, 1991, 2 (1): 71–87.

[111] Jansen J J P, Van D B F A J, Volberda H W. Exploratory Innovation, Exploitative Innovation, and Performance: Effects of Organizational Antecedents and Environmental Moderators [J]. Erim Report, 2006, 52 (11): 1661–1674.

[112] Benner M J, Tushman M L. Exploitation, Exploration, and Process Management: The Productivity Dilemma Revisited[J]. Academy of Management Review, 2003, 28 (2): 238–256.

[113] 陈阳，唐晓华. 制造业集聚对城市绿色全要素生产率的溢出效应研究——基于城市等级视角 [J]. 财贸研究，2018 (1).

[114] 陈超凡. 中国工业绿色全要素生产率及其影响因素——基于 ML 生产率指数及动态面板模型的实证研究 [J]. 统计研究，2016，33 (3)：53–62.

附录一：

科技人才、科技创新人才、创新人才等概念综述

目前中国关于科技人才和创新人才没有统一的概念。科技人才方面有科技人力资源、科技活动人员、专业技术人员和R&D人员等4个主要概念，科技人力资源侧重于“教育程度（大专以上）”，涵盖所有职业。科技活动人员、专业技术人员和R&D人员侧重于“职业”+“岗位”（范围局限在科技产业领域）。目前后两者是国家统计部门的统计指标。创新人才没有明确的统计指标。

一些学者认为（杜谦，宋卫国，2004）科技人力资源是科技人才最好的反映；也有学者认为在实践中，科技活动人员是反映科技创新人才的良好指标，科技人力资源可以视为科技创新人才的储备资源（刘敏，张伟，2010）。

一、科技人才

（一）科技人才的概念

目前中国学术界对于科技人才没有统一的定义，存在4个相对重要的概念：科技人力资源、科技活动人员、专业技术人员、R&D人员。从涵盖范围看，科学人力资源最广，R&D人员最窄。

1. 科技人力资源

一般认为较早系统界定来自于1995年的经济合作与发展组织

（OECD）与欧盟统计局合作研究出版的《弗拉斯卡蒂丛书——科技人力资源手册》（以下简称《科技人力资源手册》）。“在理论上，科技人力资源指的是实际从事或有潜力从事系统性科学和技术知识的产生、促进、传播和应用活动的人力资源”。使用“教育程度”+“职业”两个标准，即：（1）完成大专文化程度教育或大专文化程度以上教育的劳动者。（2）虽不具备上述正式资格，但从事通常需要上述资格的科技职业的人（杜谦，宋卫国，2004；刘敏，张伟，2010）。根据教育程度不同，又分为大学级和技术员级（杜谦，宋卫国，2004）。①

2. 科技活动人员

科技活动人员是指直接从事科技活动，以及从事科技活动管理和为科技活动提供直接服务的人员。我国的科技活动人员是按“职业”和“岗位”来统计的，在统计上是指在报告年度内，从事科技活动的时间（不包括加班时间）占全年工作时间10%及以上的人员，包括参与科技项目（课题）活动的管理人员、技术人员及其他人员。这个统计定义与OECD和欧盟统计局的定义基本是一致的。但在统计内容上存在一定差别，差别主要存在于对科技活动的理解上（杜谦，宋卫国，2004）。

“在实践工作中，计入科技活动人员统计对象的是直接从事或参与科技活动的人员：在独立核算的科学研究与技术开发机构、高等学校、各类企业及其他事业单位内设的研究室、实验室、技术开发中心及中试车间（基地）等机构中从事科技活动的研究人员、工程技术人员、技术工人及其他人员；虽不在上述机构工作。但编入科技活动项目（课题）组的人员；科技信息与文学机构中的专业技术人员；从事论文设计的研究生等。专门从事科技活动管理和为科技活动提供直接服务的人员：独立核算的科学研究与技术开发机构、科技信息与文献机构、高等学校、各类企业及其他事业单位主管科技工作的负责人，专门从事科技活动的计划、行政、人事、财

① 大学级科技人力资源是指：完成了可获得科技学科领域大学学士或研究生学位或同等学位的高等教育；“没有上述正式资格，但从事通常需要上述专业资格的科技职业”。技术员级科技人力资源是指：完成了可获得科技学科领域大专层次的高等教育；“没有上述正式资格，但从事通常需要上述专业资格的科技职业。”科技人力资源的核心范围、延伸范围和全范围涉及高等教育学科和科技职业两方面。

务、物资供应、设备维护、图书资料管理等工作的各类人员，但不包括保卫、医疗保健人员、司机、食堂人员、茶炉工、水暖工、清洁工等为科技活动提供间接服务的人员”（刘敏，张伟，2010）。

3. 专业技术人员

专业技术人员，在科技统计中是指“从事专业技术工作和专业技术管理工作的人员，以及未聘任专业技术职务，现在专业技术岗位上工作的人员。包括工程技术人员，农业技术人员，科学研究人员，卫生技术人员，教育人员，经济人员等 17 个专业技术职务类别”。该定义是中组部和人事部对专业技术人员的定义。这个定义基本与国际劳工组织《1988 年国际标准职业分类》（ISCO–1988）的专业技术人员的定义相一致，但缺了社会服务、行政管理和宗教专业人员几项内容。

专业技术人员与科技活动人员的主要区别。专业技术人员是以国际职业标准分类的白领劳动者。科技活动人员是按科技活动分类的科技工作者。

4.R&D 人员

R&D 人员是指直接从事研究与发展（R&D）的所有人员以及为其提供直接服务的人员，诸如研究与发展（R&D）经理、管理人员及全体办事人员。在统计上是指在报告年内，参与研究与发展项目研究、管理和辅助工作时间占全年工作时间 10% 及以上的人员，包括项目（课题）组人员，企业科技行政管理人员和直接为项目（课题）活动提供服务的辅助人员。在国际上，R&D 活动人员的比较主要用 R&D 全时人员进行比较。全时人员是指在报告年内参与研究与发展活动时间占全年工作时间 90% 及以上的人员。非全时人员折合成全时人员计算比较。上述定义与 OECD 和欧盟统计局的定义基本是一致的。

（二）科技人才统计实践

在我们国家统计实践中，上述 4 个概念中的科技活动人员、专业技术人员和 R&D 人员是统计指标。但科技活动人员统计指标自 2009 年起废止。专业技术人员和 R&D 人员目前仍在持续公布。

由于学者们没有力量进行全面统计，在实际研究中，一般都直接使用国家和地方统计部门公布的科技活动人员、专业技术人员、R&D 人员作为反映科技人才或者科技创新人才的指标（刘上海，2010）。

二、创新人才

（一）创新人才的概念

国外没有与"创新人才"严格对应的词汇（刘复兴，崔岳，2009；洪清玲，齐严，2013），多是使用"创新者"这一表述，如"Innovator"，"Creative man"，"Creative mind"，"Critical thinking"等。对"创新者"的定义和研究主要侧重于心理学角度，针对创造性思维、创造性人格或者创造力等进行探讨。美国《创新杂志》对创新者定义为："能够孕育出新观念并能将其付诸实施，取得新成果的人"。

国内对"创新人才"概念研究的较多，大致从三种角度进行界定（洪清玲，齐严，2013）：一是从贡献、创造价值或者取得成就来定义，侧重点在创新人才是为社会发展做出创新贡献的人才（许静，2010；吴松强，2010）。二是从创新人才应具备的特征来定义，应具有较强的创新意识、创新思维、创新能力（黄楠森，2000；冷余生，2000），或者充分的知识准备、高度发达的智力和能力、自由发展的个性、积极的人生价值取向和崇高的献身精神、强健的体魄（刘宝存，2003）。三是认为应将前两者相结合，既应该具备相应能力，也要有较大贡献（朱洪波，2004；刘泽双、薛惠锋，2005；梁拴荣，贾宏燕，2011；张瑾，伊振中，张体勤，2011）。

（二）创新人才的统计

与创新人才概念研究相比，创新人才统计方面研究数量较少。国家统计局目前没有关于创新人才的统计指标。从学界研究来看，也缺乏整体的统计指标。一些学者（张瑾，伊振中，张体勤，2011）通过文献综述和聚类分析确定了衡量高层次创新人才的指标，见表 f–1。这些指标基本都是基于贡献、名誉或者成果发表情况的。

表 f–1　衡量高层次创新人才指标

享受国务院政府特殊津贴人员	国家百千万人才工程（第一、第二层次）入选者
新世纪百千万人才工程国家级人选	国际先进水平或得到国内同行公认的学术带头人
国家有突出贡献的中青年专家	在《自然》、《科学》等国际权威学术刊物上以通信作者或第一作者发表 1 篇以上，或在国内外其他专业领域权威学术刊物上发表 5 篇以上学术论文（被 SCI 等科学引文检索收录，引用率较高）
两院院士	具有较大影响和较高声誉的社会工作人才；杰出的社会科学家和文学艺术家等等
长江学者	国家杰出青年基金获得者
A11 国家重要科技奖励获得者、国家最高科学技术奖获得者、国家自然科学奖、国家技术发明奖、国家科技进步奖（一等奖前 3 名，二等奖前 2 名）、中国青年科技奖获得者	国家“863”计划、“973”计划、国家科技攻关计划和国家自然科学基金重点项目的首席科学家或项目前 3 名负责人；A45 国家重点学科、重点实验室、工程技术研究中心学术技术带头人

附录二：

波士顿人力、产业、金融资本情况

波士顿地区拥有雄厚的人力、产业、金融资本。这些积累为波士顿创新区的发展提供了物质条件。

波士顿地区云集的世界顶尖高校是波士顿创新发展的驱动引擎。就推动科技创新的科学、技术、工程和数学（STEM）以及创新领域，除了享誉全球的哈佛大学（Harvard University）与麻省理工学院（Massachusetts Institute of Technology）之外，波士顿地区还拥有六所常年在世界排名前列的综合性大学，他们是波士顿学院（Boston College）、波士顿大学（Boston University）、布兰德斯大学（Brandeis University）、东北大学（Northeast University）、塔夫茨大学（Tufts University）、马萨诸塞大学波士顿分校（UMass University Boston），以及波士顿大学医学院，波士顿建筑学院，麻省药科与健康科学大学（Massachusetts College of Pharmacy and Health Sciences）等在内的专业性较强的高等院校，这些学校为波士顿的科学创新体系提供了源源不断的智力资源。调查发现，大波士顿的高校每年平均获得 264 个专利、授权 280 个技术商标、创办 41 个企业。另一项调查发现，麻省理工学院在本地的关联企业超过 1000 家，全球销售额为 530 亿美元，直接创造当地就业 12.5 万个，还间接带动就业 12.5 万个[①]。凭借得天独厚的地理优势，波士顿成了这些智力资源的主要输入地，2015 年，21349 名从马萨诸塞毕业的科学、技术、工程和数学高校毕业生中，有 12071 名选择

---

① http：//www.chinacity.org.cn/cspp/csal/319547.html

在波士顿工作[①]。

相应的，波士顿的产业资本在创新人才的作用下迅速积累，进一步巩固了其创新之都的地位。2016年第一季度，马萨诸塞州约有超过130万人从事科学、技术、工程和数学相关工作，排名全美第一，此外，麻省的人均科技职位拥有量以及高科技类职位集中度也独占全美鳌头[②]。2017年，财经网站 wallethub 显示，在全美从事科学、技术、工程和数学工作最佳地点排名中，波士顿地区凭借其充足的科技产业职位储备及优秀科创企业的集聚效应，名列第四。

如果说波士顿地区强大的人力与产业资本是其创新发展的引擎，那么其雄厚的金融资本则是波士顿创新发展源源不断的燃料。作为波士顿传统支柱行业，金融行业每年提供18万个就业岗位，创造385亿美元GDP[③]。根据 National Venture Capital Association Yearbook 2016 年数据，马萨诸塞州自2001年资产管理总额超过纽约州起，长期位列全美第二，仅次于加利福尼亚州[④]。2015年，麻省有总计350家资产管理公司，共完成了424次交易，投资总额达到57亿美元，三项指标均在加州与纽约州后，排名全美第三。在这57亿美元的巨额投资中，有超过15亿留在了马萨诸塞州，为麻省的创新产业输血。此外，波士顿地区还有40余家专门从事高技术风险投资的公司，100多名专门定位初创科技企业的天使投资人，精准定位创业公司，2011年，全美超过八分之一的种子轮投资都发生在波士顿所在的新英格兰地区。金融资本的注入加快了中小企业发展的速度，根据美国 INC 网站统计，在全美5000家高速成长的初创企业中，波士顿独占189家，其中12家在2012年收入超过1亿美元[⑤]。

① http：//masstech.org/sites/mtc/files/documents/Innovation_Overview/Massachusetts%20STEM%20Talent%20Pool%20Pitch%20Deck.pdf

② http：//masstech.org/sites/mtc/files/documents/Innovation_Overview/Massachusetts%20STEM%20Talent%20Pool%20Pitch%20Deck.pdf

③ http：//www.chinacity.org.cn/cspp/csal/319547.html

④ http：//www.spurcap.com/nvca-yearbook-2016.pdf

⑤ http：//www.abell.org/sites/default/files/publications/CD-BaltoBostonEntreEcosys813.pdf